현대인을 위한 동양고전시리즈 (2)

사자성어로 읽는
명심보감

錦上添花 금상첨화

靑出於藍 청출어람

苦盡甘來 고진감래

一石二鳥 일석이조

十中八九 십중팔구

溫故知新 온고지신

塞翁之馬 새옹지마

兎死狗烹 토사구팽

烏飛梨落 오비이락

진성수 지음

신아사

저자 진성수

성균관대 유학과를 졸업하고 동대학원에서 철학박사학위를 받았다. 일본 쓰꾸바(筑波)대학 외국인 연구자, 성균관대 유교문화연구소 수석연구원, 전북대 인문대학 부학장 및 인성예절교육센터장·전라문화연구소장, 한국양명학회 부회장, 미국 뉴욕주립대(Stony Brook University) 방문학자를 역임했다. 현재 전북대 철학과 교수로 재직 중이며, 한국유교학회 부회장·동양철학연구회 부회장·한국주역학회 국제이사로 활동하고 있다.
KBS·MBC·EBS·TBN·국군방송 등에서 20여 년간 '고전의 향기'·'라디오 서당'·'新손자병법'·'한비자의 인간경영'·'토요 인문학 산책' 등 동양고전 관련 프로그램에 참여했으며, 2025년에는 tvN '벌거벗은 세계사'(손자병법)편에 출연하였다.『철학테마강의』,『인문고전읽기』,『사자논어 100선』,『인간과 술』 등 16권의 저서,『철학으로 읽는 계몽편』,『근대중국사상의 흥기1』,『중국사상사2』,『중국고대사상문화의 세계』 등 9권의 역서, 「가족서사로 본 담원 정인보」, 「명말청초 고증학의 연원 고찰」, 「중국과 대만의 경전읽기운동 연구」, 「유교경전에서 술[酒]의 상징체계 연구」, 「다산 공직윤리의 핵심가치 연구」 등 50여 편의 논문이 있다.

표지 제자(題字)·도장 둔석遯石 양성주梁聖柱 선생

사자성어로 읽는 명심보감

초판 1쇄 발행 _ 2025년 8월 30일

저　　자 • 진 성 수
발 행 인 • 정 현 걸
발　　행 • 신 아 사
인　　쇄 • 부건애드
출판등록 • 1956년 1월 5일 (제9-52호)
주　　소 • 서울시 은평구 통일로 59길 4(2F)
전　　화 • 02)382-6411 · 팩스 02)382-6401
홈페이지 • www.shinasa.co.kr
E-MAIL • shinasa@daum.net

ISBN 979-11-7342-109-9 (93720)
저자와의 협의로 인지를 생략합니다.

정가 16000원

이 저서는 2022년도 전북대학교 연구교수 연구비 지원에 의하여 연구되었음.

왜 사자성어인가?

1.

우리나라 중고등학교에서 교육을 받은 사람이라면 누구나 특정한 시기나 상황에 맞는 사자성어四字成語 한두 마디 정도는 할 수 있다. 원로 교육자나 정치인, 회사의 사장이나 어떤 조직의 대표를 맡고 있는 사람이라면 그 비율은 더욱 높아진다. 연말 송년회나 각종 기념식의 인사말 혹은 격려사 등에는 공사다망公私多忙이나 동고동락同苦同樂, 산전수전山戰水戰이나 일석이조一石二鳥 등 거의 빠짐없이 사자성어가 등장하곤 한다.

왜 사람들은 사자성어를 자주 사용하는 것일까? 이유는 간단하다. 한 번 들었을 때 누구나 쉽게 기억할 수 있기 때문이다. 어떤 학자들은 인간의 기억체계에서 그 이유를 찾는다. 3글자로 된 단어는 너무 짧기 때문에 쉽게 까먹을 수 있지만 4글자로 된 단어는 상대적으로 정보량이 많아 더 오랫동안 기억될 수 있다는 것이다. 4글자로 된 말은 단어의 조합이나 패턴을 기억하기 용이한 것도 그 이유 중 하나라고 말한다. 어쨌든 분명한 사실은 아주 오래전부터 사람들은 특정한 내용을 요약할 때 2~3글자보다는 4글자로 된 사자성어를 선호했다는 점이다.

생각해 보면, 우리의 삶을 통틀어 사자성어는 떼려야 뗄 수 없을 지도 모른다. 태어날 때 주어지는 생년월일生年月日과 그로 인해 만들어지는 사주팔자四柱八字, 전통사회에서 통과의례通過儀禮로 여겨졌던 관혼상제冠婚喪祭나 매년 봄이 오면 대문에 큰 글씨로 붙여 놓았던 입춘대길立春大吉, 민속명절의 놀거리와 먹거리를 총칭하던 세시풍속歲時風俗, 어른들이 아이들을 훈계할 때 자주 등장하는 자업자득自業自得과 유비무환有備無患, 좋은 건 많을수록 좋다는 뜻의 다다익선多多益善과 어떤 일이든 결국은 올바름이 승리한다는 사필귀정事必歸正 등. 우리는 하루에도 몇 번씩 무심코 사자성어를 사용하거나 아니면 누군가를 통해 듣게 된다.

2.

사자성어와 비슷한 의미로 사용하는 고사성어故事成語라는 말도 있다. 고사故事란 '옛날이야기'라는 뜻이다. 따라서 특별한 스토리가 있는 것이 고사성어라면, 단지 4글자로 이루어진 단어를 사자성어라고 말한다. 물론 모든 고사성어가 사자성어는 아니다. 예를 들면,

기杞나라 사람의 쓸데없는 근심을 뜻하는 기우杞憂는 분명 고사성어지만 2글자이므로 사자성어는 아니다. 짧은 인생을 나비의 꿈에 비유한 호접몽胡蝶夢, 권력이나 부귀영화도 결국 쇠퇴하기 마련이라는 뜻의 화무십일홍花無十日紅도 마찬가지다.

반면 바둑에서 사용하는 대마불사大馬不死는 분명 사자성어지만 고사성어는 아니다. 언론에 자주 등장하는 '내가 하면 로맨스, 남이 하면 불륜'이라는 뜻의 내로남불의 '불不'은 한자漢字지만 '로'는 심지어 영어 로맨스romance의 줄임말이다. 영어가 포함되어 있으므로 당연히 고사성어일 리가 없다. 이밖에 한국의 겨울날씨를 표현하는 삼한사온三寒四溫과 인과응보因果應報 역시 특정한 스토리가 있는 것이 아니기 때문에 고사성어라고 말할 수는 없다. 정리해 보면, 사자성어 안에 고사성어가 포함될 수는 있지만 그렇다고 해서 모든 고사성어를 사자성어라고 말할 수는 없다. 어쨌든 사자성어든 고사성어든 분명한 사실은 4글자로 된 단어가 많다는 것이다.

3.

이 책의 제목을 <사자성어로 읽는 명심보감>으로 정한 것도 이런 이유에서이다. 책을 읽다보면 간혹 어떤 영감靈感을 주거나 오래도록 기억해 두고 싶은 내용을 발견할 때가 있다. 이 때 사람들은 자신의 생각이나 느낌을 책의 한 귀퉁이에 적어두거나 혹은 스마트폰으로 해당 부분을 사진 찍어 둔다. 잊지 않고 나중에 활용하기 위해서다. 중요하다고 생각하는 내용일수록 더욱 그렇다. 좋은 글귀나 문장을 좀 더 오래 간직하고 싶은 것은 인간이라면 누구나 마찬가지, 즉 인지상정人之常情이다.

『명심보감』은 한국인들에게 친숙한 동양고전이다. 『논어』가 동양고전 중 대표선수라면, 『명심보감』은 가장 촉망받는 후보선수로 비유할 수 있다. 그만큼 『명심보감』은 오래도록 많은 사람들의 사랑과 관심을 받아왔다. 그런데 한 가지 아쉬운 점은 『명심보감』에서 좋은 문장을 발견하더라도 그 문장을 온전히 기억하기가 쉽지 않다는 것이다. 한문으로 된 문장이라서 그렇기도 하지만 사실 긴 내용을 한 번에 암기하는 것이 부담스럽기 때문이다. 그래서 어떻게 하면 내 마음에 드는 문장을 좀 더 쉽게 기억할 수 있을까 고민하다가 그 내용을 사자성어로 요약하기로 마음먹었다.

4.

『명심보감』의 내용을 사자성어로 만드는 데에는 3가지 원칙을 적용했다.

첫째, 해당 문장의 내용을 4글자로 축약했다. 이렇게 만든 사자성어는 실제 문장에 있는 한자를 활용했기 때문에 전체 내용을 쉽게 기억할 수 있는 장점이 있다. 예를 들면, 공자가 말하였다. “선함을 보거든 도달하지 못한 듯이 하고, 선하지 않음을 보거든 끓는 물을 만지는 듯이 하라.”(1-10: 子曰 見善如不及, 見不善如探湯.)는 문장은 핵심 내용을 담고 있는 견선불급見善不及으로 축약했다. 또한 공자가 말하였다. “군자는 3가지 경계할 것이 있으니 어릴 때는 혈기가 정하여지지 않았는지라 경계할 것이 여색에 있고, 장성함에 이르러서는 혈기가 바야흐로 강성한지라 경계할 것이 싸움에 있고, 몸이 늙음에 이르러서는 혈기가 이미 쇠해졌는지라 경계할 것이 얻으려는 데 있다.”(5-9: 子曰 君子有三戒, 少之時, 血氣未定, 戒之在色, 及其長也, 血氣方剛, 戒之在鬪, 及其老也, 血氣旣衰, 戒之在得.)는 문장은 군자삼계君子三戒로 축약했다.

둘째, 문장에 담긴 의미를 기존의 사자성어에서 찾았다. 그 이유는 우리에게 친숙한 사자성어를 통해 전체 내용을 쉽게 떠올릴 수 있는 장점이 있기 때문이다. 예를 들면, “모든 일은 분수가 이미 정해져 있는데, 덧없는 인생 부질없이 스스로 바쁘구나.”(3-2: 萬事分已定, 浮生空自忙.)라는 문장은 만족의 중요성을 강조하는 사자성어인 안분지족安分知足으로 요약했다. 또한 “지나친 생각은 단지 정신을 상하게 할 뿐이요, 망령된 행동은 도리어 재앙을 부른다.”(6-3: 濫想, 徒傷神, 妄動, 反致禍.)는 문장은 지나침은 미치지 못함과 같다는 뜻의 과유불급過猶不及으로 요약했다.

셋째, 해당 문장과 정확히 부합하지는 않더라도 그 내용에서 연상되는 사자성어를 선택했다. 이를 통해 사고의 폭을 확장시킬 수 있기 때문이다. 예를 들면, 성리서에서 말하였다. “남의 착한 점을 보거든 나의 착한 것을 찾아보고, 남의 악한 점을 보거든 나의 악한 것을 찾을 것이니, 이와 같이 하여야 바야흐로 유익하다.”(5-1: 性理書云 見人之善, 而尋己之善, 見人之惡, 而尋己之惡, 如此, 方是有益.)는 문장에서는 타인의 좋은 점을 보고 시기하거나 혹은 나쁜 점을 보고 비난하는 데에 힘을 쏟지 말고 오히려 그것을 계기로 자신을 돌아보라는 뜻에서 타산지석他山之石을 선택했다. 또한 여형공이 말하였다. “안으로는 어진 부형이 없고, 밖으로 엄한 스승과 벗이 없으면서 성공할 수 있는 자는 드물다.”(10-5: 呂滎公曰 內無賢父兄, 外無嚴師友, 而能有成者, 鮮矣.)는 문장에서는 어머니의 교육열과 교육환경의 중요성을 강조하는 뜻에서 맹모삼천孟母三遷을 선택했다.

이렇게 정리한 사자성어 아래에는 직역을 위주로 그 뜻을 쉽게 풀어놓았으며, 필요에 따라 약간의 보충설명도 덧붙였다. 또한 한자에 익숙하지 않은 독자들을 위해 참고가 될 만한 한자의 독음과 뜻을 적어 놓아 기초한자 학습에도 활용할 수 있게 하였다.

5.

이렇게 정리한 사자성어는 총 283개이다. 이것은 『명심보감』의 총 문장 개수이기도 하다. 283개의 사자성어는 각각 편명과 문장 순서에 따라 1편 계선편의 첫 번째 문장은 1-1로 표기하고, 2편 천명편의 일곱 번째 문장은 2-7로 표기하는 방식으로 책의 후반부에 <찾아보기> 형식으로 따로 정리해 두었다. 이렇게 만든 이유는 『명심보감』을 처음부터 정독하는 사람도 있지만 각자의 필요에 따라 혹은 상황에 따라 사자성어를 먼저 찾은 후에 관련 문장을 찾아보는 독자들의 편의를 제공하기 위해서이다.

그러나 이 책에 등장하는 사자성어의 개수는 약 500여 개에 달한다. 그 이유는 283개의 문장에 해당하는 사자성어 외에도 한문으로 된 원문原文 아래에 있는 <해설>이나 우측 끝에 있는 보충설명의 내용 중에 사자성어가 다수 포함되어 있기 때문이다. 따라서 이 책을 활용한다면 『명심보감』의 본래 문장은 물론 500여 개의 사자성어도 덤으로 익힐 수 있다.

명심보감에 대하여

1.

명심보감明心寶鑑을 글자대로 풀이해 보면, '마음을 밝히는 보배로운 거울'이다. 자신의 겉모습을 비춰보는 거울처럼 내면의 모습도 살펴볼 수 있는 보물 같은 책이란 뜻이다.

『명심보감』은 고려 말기 충렬왕忠烈王 때 예문관藝文館 제학提學(정3품)을 지낸 노당露堂 추적秋適(1246~1317) 선생이 지은 것으로 알려져 있다. 그러나 최근 연구에 따르면, 중국 명나라 초기에 활동했던 범입본范立本(?~?)이 1393년에 지은 것으로 밝혀졌다. 범입본에 대한 자세한 기록이 남아있지 않은 탓에 많은 사람들이 추적 선생의 저작으로 알고 있는 것이다. 우리나라에서는 1454년 청주에서 처음 간행되었는데, 이것을 초간본初刊本 『명심보감』이라고 한다.

2.

『명심보감』은 초학자初學者들의 교육과 계몽을 위해 선현先賢들의 금쪽같은 말 즉, 금언金言이나 명언名言들을 모아놓은 책이다. 따라서 유교의 사서오경四書五經은 물론 불교·도교 등 다양한 사상가들의 가르침이 포함되어 있다. 그 내용 중에는 간혹 오늘날 남녀평등 시대에는 어울리지 않는 문장들도 있는데, 원문 그대로의 느낌을 살리기 위해 일부러 삭제하지는 않았다. 이점에 대해서는 전적으로 독자들의 양해를 구한다.

본래『명심보감』은 계선편繼善篇부터 부행편婦行篇까지 총 19편으로 구성되어 있었다. 그러나 후대의 학자들이 교육에 도움이 될 만한 내용을 조금씩 덧붙이면서 현재는 24편으로 그 분량이 조금 늘었다. 한편 제11편 성심편省心篇은 분량이 많아서 예로부터 상·하편으로 나누었으므로 이 책에서도 그것을 따랐다. 책의 목차에서 부행편 이후에 있는 증보편增補篇, 팔반가八反歌, 효행편(속)孝行篇(續), 염의편廉義篇, 권학편勸學篇 등 5편이 바로 후대에 추가된 내용이다.

책의 활용 방법

1.

주변을 둘러보면 동양고전을 공부하겠다는 포부를 가지고 도전했다가 중도에 포기하는 사람이 적지 않다. 대부분 어려운 한자漢字의 벽에 부딪치기 때문이다. 이 때문에 애초부터 시도조차 하지 않는 사람도 많다. 그렇다고 해서 옥편玉篇이나 자전字典을 옆에 두고 한 글자씩 찾아가며 읽는다는 것은 쉬운 일이 아니다.

이러한 문제를 해결하기 위해 이 책에서는 한문으로 된 문장 위에 한글로 독음讀音을 적어 두었다. 가급적 전체 문장을 여러 번 읽는 것이 공부에 도움이 되기 때문이다. 그리고 어려운 용어에 대해서는 별도의 설명을 덧붙였다. 또한 심화학습을 원하는 독자들을 위해 본문의 맥락을 충분히 이해할 수 있도록 <해설>에서 문장의 출전出典과 원문原文을 자세하게 설명했다.

2.

독서하는 방법은 여러 가지가 있다. 먼저 사람들이 많은 공공장소나 대중교통을 이용할 때 소리를 내지 않고 눈으로만 읽는 묵독默讀이 있다. 조금 소란한 장소에서는 주변 소음을 차단하기 위해 작은 소리로 흥얼거리며 읽는 순독脣讀이 효과적이다. 만약 앞에 있는 여러 사람들에게 들려주기 위한 것이라면 또박또박 큰 소리로 읽는 낭독朗讀이 좋다. 이밖에 시간을 절약하기 위해 눈으로만 훑어보는 속독速讀이 있고, 중요한 시험을 앞두고 한 줄씩 줄을 치면서 읽는 정독精讀도 있다. 또한 여러 사람이 둘러앉아 순서를 정하여 읽는 윤독輪讀이 있고, 모인 사람이 함께 속도를 맞춰 한 목소리로 읽는 합독合讀, 옛날 서당에서 훈장님의 선창先唱 소리에 따라 학동들이 입을 모아 읽는 성독聲讀 등이 있다.

『명심보감』은 이 중 어떠한 방법으로 읽어도 좋은 책이다. 처음부터 끝까지 완독해도 좋고, 책장을 넘기며 시선이 닿는 대로 읽어도 좋다. 개인의 취향에 따라 발췌해서 읽어도 좋고, 같은 문장을 여러 번 반복하며 읽어도 좋다. 매일 저녁 한 구절씩 읽으며 해당 문장과 자신의 생각을 일기장에 적어보는 것도 좋다. 독자의 특성에 따라 지난날을 반성하거나 회고하며 읽어도 좋고, 수도修道하는 종교인처럼 읽어도 좋다. 어떤 방법이라도 가급적 책장을 자주 넘겨볼 수 있다면 그것으로 충분하다. 세상에 다독多讀보다 좋은 독서법은 없기 때문이다.

3.

책을 읽다보면, 어느 한 순간 가슴이 뛰고 침이 마르고 영화의 한 장면처럼 긴 시간의 터널을 지나 오래 전에 있었던 일이 바로 눈앞에서 펼쳐지는 것처럼 생생하게 느껴질 때가 있다. 어떤 경우에는 얼굴이 화끈 달아오르거나 고개가 저절로 떨구어지기도 한다. 그러다가 갑자기 자기도 모르게 손으로 무릎을 탁 치거나 머리를 한 대 쥐어박을 때도 있다. 바로 이때가 우리의 무의식 속에 잠자던 삶의 지혜와 통찰이 꿈틀거리는 순간이다. 바쁜 일상에서 자신의 모습을 제대로 돌아보지 못하다가 찰나刹那의 순간에 내면의 감수성이 소생하면서 생긴 현상들인 셈이다.

한국인들에게 널리 알려진 『명심보감』을 사자성어로 다시 정리하여 펴내게 된 것도 사실 이런 이유에서이다. 삶의 가치와 무게는 개인마다 다를 수밖에 없다. 각자의 인생에서 무엇을 목표로 삼는 지, 추구하는 가치가 무엇인지에 따라 결정되기 때문이다. 책을 읽는 것도 마찬가지다. 각자의 습관이나 경험에 따라 자유롭게 읽으며 잠시 자신을 돌아볼 수 있다면 그것으로 충분하다. 읽어야 할 분량을 미리 정해 놓거나 반드시 읽어야 한다는 의무감도 필요 없다. 그저 편하게 산책하는 마음으로 이 책을 읽다가 어느 한순간 머리가 띵해지는 그런 짜릿한 경험을 느껴보기 바란다.

목차

1 선행을 계승하는 글

1-1.

공자가 말하였다. "착한 일을 하는 사람은 하늘이 복으로써 갚아주고, 착하지 않은 일을 하는 사람은 하늘이 재앙으로써 갚는다."

자업자득 自業自得

자기가 저지른 일의 결과를 스스로 돌려받음.

*自 스스로 자
*業 일 업
*得 얻을 득

1-2.

한나라 소열황제가 장차 죽을 때에 왕위를 이을 임금에게 경계하여 말하였다. "선함이 작다고 해서 행하지 않아서는 안 되며, 악함이 작다고 해서 행해서는 안 된다."

적소성대 積小成大

작은 것을 쌓아서 큰 것을 이룸.

*積 쌓을 적
*小 작을 소
*成 이룰 성
*大 큰 대

1-3.

장자가 말하였다. "하루라도 선을 생각하지 않으면, 모든 악이 저절로 생긴다."

명철보신 明哲保身

총명하고 사리에 밝아 일을 잘 처리하여 자기 몸을 보존함.

*明 밝을 명
*哲 총명할 철
*保 지킬 보
*身 몸 신

1 계선편 繼善篇

1-1.

자 왈 위 선 자 천 보 지 이 복 위 불 선 자

子曰 爲善者는 **天報之以福**하고 **爲不善者**는

천 보 지 이 화

天報之以禍니라.

*子曰: '자子'는 선생님 혹은 스승님에 해당하는 '부자夫子'의 줄임말. 주로 남자에게만 사용하는 존칭이며, 여기에서는 유교의 창시자인 공자孔子(B.C.551~479: 이름은 구丘, 자字는 중니仲尼)를 가리킴.

1-2.

한 소 열 장 종 칙 후 주 왈 물 이 선 소 이 불 위

漢昭烈이 **將終**에 **勅後主曰 勿以善小而不爲**하고

물 이 악 소 이 위 지

勿以惡小而爲之하라.

해설 『주역周易』「계사전繫辭傳」 하편 5장에 위 문장과 비슷한 내용이 있다. "선이 쌓이지 않으면 이름을 이룰 수 없고, 악이 쌓이지 않으면 몸을 멸할 수 없으니, 소인은 작은 선을 무익하다 하여 행하지 않고 작은 악을 무방하다 하여 버리지 않는다. 그러므로 악이 쌓여서 가릴 수 없고 죄가 커져 풀 수 없다." (善不積, 不足以成名, 惡不積, 不足以滅身, 小人, 以小善爲無益而弗爲也, 以小惡爲無傷而弗去也. 故, 惡積而不可掩, 罪大而不可解.) 이 내용은 <21-1>에도 있다.

*漢昭烈(B.C.160~223): 중국 삼국시대 촉한蜀漢의 첫 번째 임금인 유비劉備를 가리킴. 자字는 현덕玄德, 시호諡號는 소열昭烈.

*後主: 유비의 뒤를 이어 촉한의 황제가 된 유비의 아들 유선劉禪(207~271)을 가리킴. 자字는 공사公嗣, 아명兒名은 아두阿斗.

1-3.

장 자 왈 일 일 불 염 선 제 악 개 자 기

莊子曰 一日不念善이면 **諸惡**이 **皆自起**니라.

*莊子(B.C.365~290): 이름은 주周이며, 중국 전국시대 송宋나라 사람. 노자老子와 함께 도가사상을 대표하는 학자로서 저서로는 『장자』가 있음.

1-4.

견선여갈 見善如渴

착한 일을 보기를 마치 목마른 것같이 함.

*見 볼 견
*善 선할 선
*如 같을 여
*渴 목마를 갈

태공이 말하였다. "착한 일을 보거든 목마른 듯이 하며, 악한 말을 듣거든 귀머거리처럼 하라" 또한 말하였다. "착한 일은 모름지기 탐내야 하며, 악한 일은 즐기지 말라."

1-5.

적선성덕 積善成德

선을 쌓고 덕을 이룸.

*積 쌓을 적
*善 착할 선
*成 이룰 성
*德 덕 덕

마원이 말하였다. "몸을 마치도록 선을 행하더라도 선은 오히려 부족하고, 단 하루 악을 행하더라도 악은 저절로 남음이 있다."

1-6.

음덕양보 陰德陽報

남이 모르게 덕행을 쌓은 사람은 뒤에 그 보답을 받게 됨.

*陰 그늘 음
*陽 볕 양
*報 갚을 보

사마온공이 말하였다. "돈을 모아 자손에게 남겨 준다 하여도 자손이 반드시 다 지킬 수 없으며, 책을 모아서 자손에게 남겨 준다 하여도 자손이 반드시 다 읽을 수 없으니, 남모르게 덕을 쌓아서 자손을 위한 계책을 삼느니만 못하다."

1-4.

태 공 왈 견 선 여 갈 문 악 여 롱 우 왈 선 사

太公曰 見善如渴하고 聞惡如聾하라. 又曰 善事란

수 탐 악 사 막 락

須貪하고 惡事란 莫樂하라.

1-5.

마 원 왈 종 신 행 선 선 유 부 족 일 일 행 악

馬援曰 終身行善이라도 善猶不足이요 一日行惡이

악 자 유 여

라도 惡自有餘니라.

1-6.

사 마 온 공 왈 적 금 이 유 자 손 미 필 자 손

司馬溫公曰 積金以遺子孫이라도 未必子孫이

능 진 수 적 서 이 유 자 손 미 필 자 손 능 진 독

能盡守요 積書以遺子孫이라도 未必子孫이 能盡讀

불 여 적 음 덕 어 명 명 지 중 이 위 자 손 지 계 야

이니 不如積陰德於冥冥之中하여 以爲子孫之計也니라.

*太公(B.C.1122~1072): 위수渭水에서 낚시질을 하다가 문왕文王에게 등용된 현자賢者로서 성姓은 강姜, 씨氏는 여呂, 이름은 상尙, 흔히 여상呂尙 혹은 여망呂望으로 불림. 문왕의 조부인 고공단보古公亶父가 오랫동안 만나기를 바라던[望] 사람이라는 뜻에서 태공망太公望 혹은 강태공姜太公으로도 불림. 훗날 문왕의 아들 무왕武王을 도와 은殷나라 주왕紂王을 몰아내고 천하를 통일하는 데에 큰 공을 세움.

*馬援(B.C.11~A.D.49): 중국 후한後漢의 장군으로서 자는 문연文淵. 조상대대로 명문가 출신이었는데, 광무제光武帝의 신하가 되어 변방의 반란을 정벌하다가 병으로 죽었음.

*司馬溫公(1019~1086): 중국 북송北宋의 정치가이며 학자로서 이름은 광光, 자는 군실君實, 시호는 문정文正. 흔히 사마광司馬光으로 불리는데, 죽은 뒤 온국공溫國公에 봉해져 사마온공司馬溫公으로도 불림. 유명한 저서로는 『자치통감資治通鑑』이 있음.

1-7.

원화소복 遠禍召福

재앙을 멀리하고 복을 부름.

*遠 멀 원
*禍 재앙 화
*召 부를 소
*福 복 복

『경행록』에서 말하였다. "은혜와 의리를 널리 베풀어라. 사람이 어느 곳에 살든 서로 만나지 않으랴? 원수와 원한을 맺지 마라. 길이 좁은 곳에서 만나면 회피하기 어렵다."

1-8.

이선제악 以善制惡

선으로써 악을 다스림.

*以 써 이
*善 착할 선
*制 다스릴 제
*惡 악할 악

장자가 말하였다. "나에게 착하게 하는 자에게도 나 또한 착하게 하고, 나에게 악하게 하는 자에게도 나 또한 착하게 해야 한다. 내가 이미 남에게 악하게 함이 없으면, 남도 나에게 악하게 함이 없을 것이다."

1-9.

선유선보 善有善報

선한 일에는 선한 보답이 있음.

*有 있을 유
*報 갚을 보

『동악성제수훈』에서 말하였다. "하루 선한 일을 행하면 복은 비록 이르지 않더라도 화[재앙]는 저절로 멀어질 것이요, 하루 악한 일을 행하면 화는 비록 이르지 않더라도 복은 저절로 멀어질 것이다. 선한 일을 행하는 사람은 봄 동산의 풀과 같아서 그 자라는 것을 보지 못하더라도 날로 더해지는 것이 있고, 악을 행하는 사람은 칼을 가는 숫돌과 같아서 그 닳아 없어지는 것을 보지 못하더라도 날로 이지러짐이 있다."

1-7.

경 행 록 왈　은 의　광 시　인 생 하 처 불 상 봉
景行錄曰 恩義를 廣施하라. 人生何處不相逢이랴
수 원　막 결　로 봉 협 처　난 회 피
讐怨을 莫結하라. 路逢狹處면 難回避니라.

*『景行錄』: 중국 송宋나라 때 지은 책인데, 현재 전해지지 않음.

1-8.

장 자 왈　어 아 선 자　아 역 선 지　어 아 악 자
莊子曰 於我善者도 我亦善之하고 於我惡者도
아 역 선 지　아 기 어 인　무 악　인 능 어 아
我亦善之니라. 我旣於人에 無惡이면 人能於我에
무 악 재
無惡哉인저.

*莊子: <1-3> 참조.

1-9.

동 악 성 제 수 훈 왈　일 일 행 선　복 수 미 지
東嶽聖帝垂訓曰 一日行善이면 福雖未至나
화 자 원 의　일 일 행 악　화 수 미 지　복 자 원 의
禍自遠矣요 一日行惡이면 禍雖未至나 福自遠矣니
행 선 지 인　여 춘 원 지 초　불 견 기 장
行善之人은 如春園之草하여 不見其長이라도
일 유 소 증　행 악 지 인　여 마 도 지 석
日有所增하고 行惡之人은 如磨刀之石하여
불 견 기 손　일 유 소 휴
不見其損이라도 日有所虧니라.

*東嶽聖帝: 도가道家에서 받드는 신선神仙이지만, 생애에 관한 자세한 사항은 알 수 없음. 동악東嶽은 중국의 오악五嶽 중 태산泰山을 가리킴.

*垂訓: 후세에 전하는 교훈.

견선불급 見善不及

선을 보면 아직 도달하지 못했다고 생각하여 더욱 노력함.

*見 볼 견
*善 착할 선
*不 아닐 불
*及 도달할 급

1-10.

공자가 말하였다. "선함을 보거든 도달하지 못한 듯이 하고, 선하지 않음을 보거든 끓는 물을 만지는 듯이 하라."

1-10

자 왈 견 선 여 불 급 견 불 선 여 탐 탕

子曰 見善如不及하고 見不善如探湯하라.

해설 이 구절은 『논어論語』 「계씨季氏」편에 있는 다음의 내용과 같다. 공자가 말하였다. "선善을 보고는 미치지 못한 듯이 열심히 노력하며, 불선不善을 보고는 끓는 물을 만지는 것처럼 빨리 피해야 하는데, 나는 그렇게 하는 사람도 보았고, 나는 그렇게 하는 사람이 있다는 말도 들었다. 숨어 살면서 그 뜻을 구하며, 의義를 행하여 그 도道에 통달한다고 했는데, 나는 그러한 사람이 있다는 말은 들었으나, 그렇게 하는 사람을 보지는 못했다."(孔子曰 見善如不及, 見不善如探湯, 吾見其人矣, 吾聞其語矣. 隱居以求其志, 行義以達其道, 吾聞其語矣, 未見其人也.)

2 하늘의 명에 관한 글

2-1.

순천자존 順天者存

하늘의 이치를 따르는 자는 생존함.

*順 따를 순
*天 하늘 천
*者 사람 자
*存 생존할 존

맹자가 말하였다. "하늘을 따르는 자는 살고, 하늘을 거스르는 자는 죽는다."

2-2.

존심양성 存心養性

마음을 간직하고 본성을 기름.

*存 보존할 존
*心 마음 심
*養 기를 양
*性 성품 성

강절소선생이 말하였다. "하늘의 들으심이 고요하여 소리가 없으니 푸르고 푸른 어느 곳에서 찾을 것인가. 높지도 않고 또한 멀지도 않다. 모두가 다만 사람의 마음속에 있을 뿐이다."

2-3.

천일조림 天日照臨

하늘과 해가 내려다봄. 속일 수가 없음을 이르는 말.

*天 하늘 천
*日 날 일
*照 비칠 조
*臨 임할 림(임)

『현제수훈』에서 말하였다. "인간의 사사로운 말도 하늘이 듣는 것은 우레와 같고, 어두운 방에서 마음을 속일지라도 귀신의 눈이 보는 것은 번개와 같다."

2 천명편 天命篇

2-1.

맹 자 왈 순 천 자 존 역 천 자 망

孟子曰 順天者는 存하고 逆天者는 亡이니라.

해설 '順天者存 逆天者亡'은 『맹자』 「이루상離婁上」편에 있는 구절이다. 그 내용은 다음과 같다. 맹자가 말하였다. "천하에 도道가 있을 때는 작은 덕을 가진 사람이 큰 덕을 가진 사람에게 부림을 받고, 조금 현명한 사람이 크게 현명한 사람에게 부림을 받는다. 천하에 도가 없을 때는 작은 사람이 큰 사람에게 부림을 받고, 약한 사람이 센 사람에게 부림을 받는다. 이 2가지는 하늘이니, 하늘을 따르는 자는 살고, 하늘을 거스르는 자는 죽는다."(孟子曰 天下有道, 小德, 役大德, 小賢, 役大賢, 天下無道, 小役大, 弱役强, 斯二者, 天也, 順天者存, 逆天者亡.)

*원본에는 '子曰'로 되어 있으나, 『맹자』에 있는 내용이므로 바로잡았음.

*孟子(B.C.371~289): 중국 전국시대 유학자로서 이름은 가軻, 자는 자여子與. 공자를 계승한 유학자로서 아성亞聖으로 불림. 그의 저서 『맹자』에서 인간의 본성은 선하다는 성선설性善說을 주장함.

2-2.

강 절 소 선 생 왈 천 청 적 무 음 창 창 하 처 심

康節邵先生曰 天聽이 寂無音하니 蒼蒼何處尋고

비 고 역 비 원 도 지 재 인 심

非高亦非遠이라. 都只在人心이니라.

*康節邵先生(1011~1077): 중국 북송北宋의 학자로서 성은 소邵, 이름은 옹雍, 자는 요부堯夫, 시호는 강절康節. 흔히 소강절邵康節이라고 불림.

2-3.

현 제 수 훈 왈 인 간 사 어 천 청 약 뢰

玄帝垂訓曰 人間私語라도 天聽은 若雷하고

암 실 기 심 신 목 여 전

暗室欺心이라도 神目은 如電이니라.

*玄帝: 도가道家의 한 사람으로 전해지고 있으나, 정확한 기록은 없음.

해설 『대학大學』 전6장에 위 문장과 비교하며 읽어 볼만한 구절이 있다. 그 내용은 다음과 같다. 증자가 말하였다. "열 개의 눈이 보는 바이며, 열 개의 손이 가리키는 바이니, 엄하도다. 부유함은 집을 윤택하게 하고, 덕은 몸을 윤택하게 한다. 마음이 넓으면 몸이 펴지는 것이니, 그러므로 군자는 반드시 그 뜻을 성실하게 한다."(曾子曰 十目所視, 十手所指, 其嚴乎. 富潤屋, 德潤身, 心廣體胖, 故, 君子, 必誠其意.) 흔히 사람들은 나쁜 일을 하면서 남들에게 들키지만 않으면 괜찮다고 생각한다. 그러나 잠시 동안 남들의 눈은 피할 수 있을지 몰라도 자신의 마음만은 절대 속일 수 없다. 더욱이 시간이 지나면 나쁜 일을 저지른 사람이 누구인지 다른 사람들도 저절로 알게 되기 십상이다. 그러므로 군자는 설령 혼자 있더라도 항상 삼가고 경계하는 것이다.

2-4.

『익지서』에서 말하였다. "악의 그릇이 가득 차면, 하늘이 반드시 그를 죽인다."

죄만호천 罪滿昊天

죄가 하늘에 가득 참.

*罪 죄 죄
*滿 가득 찰 만
*昊 하늘 호
*天 하늘 천

2-5.

장자가 말하였다. "만약 사람이 착하지 못한 일을 하여 훌륭한 이름을 얻는 자는 사람이 비록 해치지 않더라도 하늘이 반드시 그를 죽일 것이다."

명실불부 名實不符

이름과 실제가 부합하지 아니함.

*名 이름 명
*實 열매 실
* 不 아닐 불
*符 부합할 부

2-6.

오이를 심으면 오이를 얻고, 콩을 심으면 콩을 얻으니, 하늘의 그물이 넓고 넓어서 성글지만 새지 않는다.

종두득두 種豆得豆

콩 심은 데 콩이 남.

*種 심을 종
*豆 콩 두
*得 얻을 득

2-7.

공자가 말하였다. "하늘에 죄를 얻으면 빌 곳이 없다."

획죄무도 獲罪無禱

(하늘에) 죄를 지면 기도할 데가 없음.

*獲 얻을 획
*無 없을 무
*禱 빌 도.

2-4.

익 지 서 운 악 관 약 만 천 필 주 지

益智書云 惡鑵이 若滿이면 天必誅之니라.

*益智書: 송宋나라 때에 만들어진 책으로 전해지고 있으나, 정확한 기록은 없음.

*鑵: 두레박. 그릇. 여기에서는 사람의 마음을 뜻함.

2-5.

장 자 왈 약 인 작 불 선 득 현 명 자 인 수 불 해

莊子曰 若人이 作不善하여 得顯名者는 人雖不害나

천 필 육 지

天必戮之니라.

*戮: 죽임. 처형處刑.

2-6.

종 과 득 과 종 두 득 두 천 망 회 회 소 이 불

種瓜得瓜요 種豆得豆니 天網이 恢恢하여 疎而不

루

漏니라.

*天網: 하늘의 그물. 여기에서는 자연의 이치를 뜻함.

해설 이 구절은 『노자老子』 제73장 내용의 마지막 부분인 "하늘의 그물은 넓고 넓어서 성글지만 빠트리지 않는다."(天網恢恢, 疏而不失.)라는 구절과 유사하다.

2-7.

자 왈 획 죄 어 천 무 소 도 야

子曰 獲罪於天이면 無所禱也니라.

해설 이 구절은 『논어』 「팔일八佾」편에 있는 다음의 내용과 같다. "위衛나라 대부 왕손가王孫賈가 물었다. '안방의 신神에게 잘 보이기보다는 차라리 부엌신에게 잘 보이는 것이 낫다 하니 무엇을 말한 것입니까?' 공자가 말하였다. '그렇지 않다. 하늘에 죄를 얻으면 빌 곳이 없다.'"(王孫賈問曰 與其媚於奧, 寧媚於竈, 何謂也. 子曰 不然, 獲罪於天, 無所禱也.)

3 하늘의 명에 순응하는 글

3-1.

자하가 말하였다. "죽음과 삶은 명이 있고, 부귀는 하늘에 달려 있다."

부귀재천 富貴在天

부귀는 하늘의 뜻에 달려 있음.

*富 부유할 부
*貴 귀할 귀
*在 있을 재
*天 하늘 천

3-2.

모든 일은 분수가 이미 정해져 있는데, 덧없는 인생 부질없이 스스로 바쁘구나.

안분지족 安分知足

자기 분수를 지키며 만족할 줄을 앎.

*安 편안할 안
*分 분수 분
*知 알 지
*足 만족할 족

3-3.

『경행록』에서 말하였다. "화는 요행으로 면할 수 없고, 복은 다시 구할 수 없다."

화복무문 禍福無門

재앙이나 복은 들어오는 문이 따로 정해져 있지 않음.

*禍 재앙 화
*福 복 복
*無 없을 무
*門 문 문

3 순명편 順命篇

3-1.

자하왈 사생유명 부귀재천

子夏曰 死生有命이요 富貴在天이니라.

*원본에는 '子曰'로 되어 있으나, 『논어』「안연顔淵」편에는 자하의 말로 되어 있으므로 바로잡았음.

*子夏(BC.507~BC.400): 공자의 제자로서 문학에 뛰어난 공문십철孔門十哲의 한 사람. 성은 복卜, 이름은 상商, 자는 자하子夏.

해설 이 구절은 『논어』「안연」편에 있는 다음의 내용과 같다. 사마우司馬牛는 송나라에서 군사 업무를 관장하던 사마司馬 벼슬을 했던 환퇴桓魋의 동생인데, 평소 말이 많고 조급한 사람이었다. 어느 날 사마우가 걱정하며 말하였다. "남들은 모두 형제가 있는데, 나만 홀로 없구나." 자하가 말하였다. "내가 들으니 죽음과 삶은 명命에 달려 있고, 부귀는 하늘에 달려 있다 하였다. 군자가 경건한 마음을 가지면서 잃음이 없으며, 남과 더불어 있을 때 공손하고 예禮가 있으면, 사해四海의 안이 모두 형제이니 군자가 어찌 형제가 없음을 걱정하겠는가?"(司馬牛憂曰 人皆有兄弟, 我獨亡. 子夏曰 商, 聞之矣, 死生有命, 富貴在天, 君子敬而無失, 與人恭而有禮, 四海之內, 皆兄弟也, 君子何患乎無兄弟也.)

3-2.

만사분이정 부생공자망

萬事分已定이어늘 浮生空自忙이니라.

*分: 분수分數. 자기에게 알맞은 한도限度

*浮生: 헛되게 사는 삶. 덧없는 인생.

3-3.

경행록운 화불가행면 복불가재구

景行錄云 禍不可倖免이요 福不可再求니라.

*『景行錄』: <1-7> 참조.

*倖: 뜻밖에 얻은 행운. 요행僥倖

3-4.

때가 오니 바람이 등왕각으로 불어 보내고, 운이 물러가니 벼락이 천복비에 떨어졌도다.

천지불인 天地不仁

하늘과 땅은 어질지 않음. 하늘과 땅은 만물에 대해 인간의 사랑과 같은 감정으로 대하지 않고, 다만 도道에 따라 만물을 운행한다는 뜻.

*天 하늘 천
*地 땅 지
*不 아닐 불
*仁 어질 인.

3-5.

열자가 말하였다. "어리석고 귀먹고 벙어리라도 집은 호화롭고 부자요, 지혜 있고 총명한 사람도 도리어 가난하게 된다. 운수는 해와 달과 날과 시가 모두 처음부터 정해져 있으니, 계산해 보면 부귀는 명으로부터 말미암지 사람에 말미암지 않는다."

안신입명 安身立命

하늘의 뜻을 깨닫고 생사를 초월하여 마음의 평안을 얻음.

*安 편안할 안
*身 몸 신
*立 설 립(입)
*命 목숨 명

3-4.

시 래 풍 송 등 왕 각　　운 퇴 뢰 굉 천 복 비
時來風送滕王閣이요 **運退雷轟薦福碑**하라.

해설 등왕각의 완성을 축하하는 연회宴會에 당시 14세였던 왕발王勃이 700리 떨어진 길을 순풍順風 덕분에 배를 타고 하룻밤에 도착할 수 있었다. 이때에 쓴 「등왕각서滕王閣書」라는 명문장으로 왕발은 천하에 이름을 떨치는 행운을 얻게 되었다. 반면, 송宋나라 범중엄范仲淹이 강서성 지역을 다스리고 있을 때, 매우 가난한 서생書生 한 사람이 있었다. 범중엄은 그를 도와주려고 했으나 도와 줄 명분이 없어서 천복사에 있는 천복비의 비문碑文을 탁본拓本해 오면 그에게 큰 상賞을 주겠다고 약속했다. 그러나 그 사람이 먼 길을 고생하여 찾아갔으나, 안타깝게도 그날 밤 벼락이 쳐서 비석이 깨져버리고 말았다.

*滕王閣: 당唐나라 때에 남창南昌 부근에 있던 유명한 누각樓閣. 당고조唐高祖의 22번째 아들인 이원영李元嬰이 등왕滕王에 봉封해져서 세운 누각이라 하여 등왕각으로 불림.

*薦福碑: 당唐나라 이북해李北海가 짓고, 당시의 명필인 구양순歐陽詢이 쓴 비석碑石으로 강서성江西省 천복사薦福寺에 있음.

3-5.

열 자 왈　치 롱 음 아　가 호 부　지 혜 총 명　각 수 빈
列子曰 癡聾痼啞도 **家豪富**요 **智慧聰明**도 **却受貧**이라.
년 월 일 시　해 재 정　　산 래 유 명 불 유 인
年月日時 該載定하니 **算來由命不由人**이니라.

*列子(?~?): 중국 전국시대(BC 475~221)의 사상가로서 성은 열列, 이름은 어구禦寇. 노자老子·장자莊子와 함께 중국 도가사상을 확립시킨 3명 중 한 사람. 저서로는 『열자列子』가 있으나 책 속에 포함된 글 가운데 많은 부분이 후대 사람들의 위작僞作으로 밝혀져, 사마천司馬遷은 『사기열전史記列傳』에서 열자를 제외시켰음.

4 효행에 관한 글

4-1.

『시경』에서 말하였다. "아버지 나를 낳으시고 어머니 나를 기르시니, 가엾으신 부모님이시어 나를 낳으시며 애쓰고 수고하셨네. 깊은 은혜를 갚고자 하나 하늘처럼 끝이 없어라."

망극지은 罔極之恩

끝이 없는 은혜. 부모님의 은혜를 뜻하는 말.

*罔 없을 망
*極 끝 극
*之 어조사 지
*恩 은혜 은

4-2.

공자가 말하였다. "효자가 어버이를 섬길 때 거처함에는 그 공경을 다하고, 봉양함에는 그 즐거움을 다하고, 병중에는 근심을 다하고, 상중에는 슬픔을 다하고, 제사에는 엄숙함을 다한다."

혼정신성 昏定晨省

밤에는 부모님의 잠자리를 살펴드리고 이른 아침에는 밤새 안부를 물음. 부모에 대해 효성을 다함을 이르는 말.

*昏 어두울 혼
*定 정돈할 정
*晨 새벽 신
*省 살필 성

4-3.

공자가 말하였다. "부모가 살아 계시면 멀리 가서 놀지 않으며, 노는 것이 반드시 일정한 곳이 있어야 한다."

유필유방 遊必有方

(부모가 생존해 있을 때) 먼 곳에 갈 때는 반드시 그 행방을 알려야 함.

*遊 놀 유
*必 반드시 필
*有 있을 유
*方 방위 방

4 효행편 孝行篇

4-1.

시왈 부혜생아 모혜국아 애애부모
詩曰 父兮生我하시고 母兮鞠我하시니 哀哀父母여
생아구로 욕보심은 호천망극
生我劬勞샷다 欲報深恩인대 昊天罔極이로다.

해설 이 구절은 『시경詩經』 「소아小雅」편에 있는 다음의 내용과 같다. "아버지는 나를 낳으시고 어머니는 나를 기르시니, 나를 어루만지고 기르시며 나를 키우고 덮어주시며, 나를 돌아보고 다시 보시며 나가고 들어올 때 품에 안으시니, 그 은덕을 갚고자 한다면 하늘처럼 다함이 없다."(父兮生我, 母兮鞠我, 拊我畜我, 長我育我, 顧我復我, 出入腹我, 欲報之德, 昊天罔極.)

*詩經: 사서오경四書五經 중 하나로서 공자가 고대古代로부터 주周나라 때까지의 시 중에 305편을 선택하여 편집한 중국 최초의 시가집詩歌集.

4-2.

자왈 효자지사친야 거즉치기경 양즉
子曰 孝子之事親也는 居則致其敬하고 養則
치기락 병즉치기우 상즉치기애
致其樂하고 病則致其憂하고 喪則致其哀하고
제즉치기엄
祭則致其嚴이니라.

4-3.

자왈 부모재 불원유 유필유방
子曰 父母在어시든 不遠遊하며 遊必有方이니라.

해설 이 구절은 『논어論語』 「이인里仁」편에 있는 내용과 같다.

4-4.

효자애일 孝子愛日

효자는 날을 아낌. 될 수 있는 한 오래도록 부모님을 효성으로 섬기고자 함.

*孝 효도 효
*子 아들 자
*愛 아낄 애
*日 날 일

공자가 말하였다. "아버지가 명하여 부르시면 빨리 대답하며 느릿느릿 대답하지 말고, 음식이 입에 있거든 그것을 뱉는다."

4-5.

효친자효 孝親子孝

내가 부모님에게 효도하면 자녀도 본받아 나에게 효도함.

*親 어버이 친

태공이 말하였다. "어버이에게 효도하면 자식 또한 효도하나니, 내 자신이 이미 효도하지 않는다면 자식이 어찌 효도하겠는가?"

4-6.

상행하효 上行下效

윗사람이 모범을 보이면 아랫사람이 따라함.

*上 윗 상
*行 행할 행
*下 아래 하
*效 본받을 효

효도하고 순한 사람은 또한 효도하고 순한 자식을 낳으며, 부모에게 거역한 사람은 또한 거역하는 아이를 낳는다. 믿지 못하겠거든 처마 끝의 낙숫물을 보라. 방울방울 떨어짐이 어긋남이 없다.

4-4.

자 왈 부 명 소 유 이 불 락 식 재 구 즉 토 지
子曰 父命召어시든 唯而不諾하고 食在口則吐之니라.

*諾: 느리게 대답함.

해설 이 구절은 『예기禮記』 「옥조玉藻」편에 있는 다음의 내용과 같다. "아버지가 부르시거든 빨리 대답하며 느릿느릿 대답하지 말고, 손에 일을 잡고 있을 때에는 그것을 던지고, 음식이 입에 있거든 그것을 뱉고, 급히 달려가야지 종종걸음으로 가지 않는다."(父命呼, 唯而不諾, 手執業則投之, 食在口則吐之, 走而不趨.)

4-5.

태 공 왈 효 어 친 자 역 효 지 신 기 불 효
太公曰 孝於親이면 子亦孝之하나니 身旣不孝면
자 하 효 언
子何孝焉이리오.

*太公: <1-4> 참조.

4-6.

효 순 환 생 효 순 자 오 역 환 생 오 역 아
孝順은 還生孝順子요 忤逆은 還生忤逆兒하나니
불 신 단 간 첨 두 수 점 점 적 적 불 차 이
不信커든 但看簷頭水하라. 點點滴滴不差移니라.

*還: 또한. 거듭하여 다시.

해설 『맹자孟子』 「이루하離婁下」편에 위 문장과 비교하며 읽어 볼만한 구절이 있다. 그 내용은 다음과 같다. 맹자가 말하였다. "세속에 이른바 불효라는 것이 5가지이다. 그 사지를 게을리하여 부모의 봉양을 돌보지 않는 것이 첫 번째 불효이고, 장기와 바둑을 두고 음주를 좋아하여 부모의 봉양을 돌보지 않는 것이 두 번째 불효이며, 재물을 좋아하고 아내와 아들만을 사랑하여 부모의 봉양을 돌보지 않는 것이 세 번째 불효이고, 귀와 눈의 욕망을 좇아 부모를 욕되게 하는 것이 네 번째 불효이며, 용맹을 좋아하고 싸우며 사나워서 부모를 위태롭게 하는 것이 다섯 번째 불효이다."(孟子曰 世俗所謂不孝者五, 惰其四肢, 不顧父母之養, 一不孝也, 博奕好飮酒, 不顧父母之養, 二不孝也, 好貨財, 私妻子, 不顧父母之養, 三不孝也, 從耳目之欲, 以爲父母戮, 四不孝也, 好勇鬪狠, 以危父母, 五不孝也.)

5 자기를 바르게 하는 글

5-1.

성리서에서 말하였다. "남의 착한 점을 보거든 나의 착한 것을 찾아보고, 남의 악한 점을 보거든 나의 악한 것을 찾을 것이니, 이와 같이 하여야 바야흐로 유익하다."

타산지석 他山之石

다른 산의 거친 돌이라도 자신의 옥을 다듬는 데에는 도움이 됨.

*他 다를 타
*山 메 산
*之 어조사 지
*石 돌 석

5-2.

『경행록』에서 말하였다. "대장부는 마땅히 남을 용서할지언정, 남에게 용서를 받는 사람이 되지 말아야 한다."

관인대도 寬仁大度

마음이 너그럽고 어질며 도량이 큼.

*寬 너그러울 관
*仁 어질 인
*大 클 대
*度 도량 도

5-3.

태공이 말하였다. "나를 귀하게 여김으로써 남을 천하게 여기지 말고, 자기를 크게 여김으로써 남을 업신여기지 말며, 용맹을 믿고서 적을 가볍게 여기지 말라."

경적필패 輕敵必敗

적을 가벼이 여기고 무시하면 반드시 패함.

*輕 가벼울 경
*敵 원수 적
*必 반드시 필
*敗 패할 패

5 정기편 正己篇

5-1.

성 리 서 운 견 인 지 선 이 심 기 지 선 견 인 지 악
性理書云 見人之善이어든 而尋己之善하고 見人之惡
이 심 기 지 악 여 차 방 시 유 익
이어든 而尋己之惡이니 如此라야 方是有益이니라.

*尋: 찾음. 연구함.
*方: 바야흐로. 장차將次.

5-2.

경 행 록 운 대 장 부 당 용 인 무 위 인 소 용
景行錄云 大丈夫當容人이언정 無爲人所容이니라.

*景行錄: <1-7> 참조.

해설 대장부大丈夫는 '큰 뜻을 품고 굳은 의지를 가진 사람'을 뜻하는 말로 『맹자孟子』「등문공하滕文公下」편에 나온다. 그 내용은 다음과 같다. 어느 날 경춘景春이란 사람이 맹자에게 공손연公孫衍과 장의張儀를 대장부라고 하며, 그 이유로 그들이 한 번 노함에 제후들이 두려워하고 편안히 있으면 천하가 잠잠하다고 말했다. 이에 맹자가 "그들이 어찌 대장부라고 할 수 있겠는가?라고 반박하며 말했다." 천하의 넓은 집[仁]에 거처하며, 천하의 바른 자리[禮]에 서며, 천하의 큰 도道를 행하여 뜻을 얻으면 백성과 함께 도를 행하고, 뜻을 얻지 못하면 홀로 그 도를 행하여 부귀富貴가 그 마음을 방탕하게 할 수 없고 빈천貧賤이 절개를 변하게 하지 못하며 어떤 폭력도 그를 굴복시키지 못하는 것, 이것을 대장부라고 한다."(居天下之廣居, 立天下之正位, 行天下之大道, 得志, 與民由之, 不得志, 獨行其道, 富貴不能淫, 貧賤不能移, 威武不能屈, 此之謂大丈夫.) 경춘은 권력자를 대장부라고 말했으나, 맹자는 어떤 상황에서도 의로움을 행하는 사람이 대장부임을 강조하고 있다.

5-3.

태 공 왈 물 이 귀 기 이 천 인 물 이 자 대 이 멸 소
太公曰 勿以貴己而賤人하고 勿以自大而蔑小하고
물 이 시 용 이 경 적
勿以恃勇而輕敵이니라.

*太公: <1-4> 참조.

5-4.

구화지문 口禍之門

입은 재앙을 불러들이는 문이 됨. 입조심, 말조심하라는 뜻.

*口 입 구
*禍 재앙 화
*之 어조사 지
*門 문 문

마원이 말하였다. "남의 과실을 듣거든 부모의 이름을 듣는 것과 같이 하여 귀로는 들을지언정 입으로 말해서는 안 된다."

5-5.

견선종지 見善從之

남의 선함을 보면 그것을 본받고 따름.

*見 볼 견
*善 착할 선
*從 좇을 종

강절소선생이 말하였다. "남의 비방을 듣더라도 성내는 일이 없어야 할 것이며, 남의 칭찬을 들어도 기뻐하는 일이 없어야 할 것이다. 남의 좋지 못한 소문을 듣더라도 이에 동조하는 일이 없을 것이며, 남의 착한 것을 듣거든 곧 나아가 어울리고 또 따라 기뻐할지니라. 그의 시에 이렇게 썼다. '선한 사람 보기를 즐겨하며, 선한 일 듣기를 즐겨 하며, 선한 말 하기를 즐겨하며, 선한 뜻 행하기를 즐겨 하고, 남의 악한 점을 듣거든 가시를 몸에 진 것 같이 여기고, 남의 선한 점을 듣거든 난초를 몸에 지닌 것 같이 여기라'."

5-6.

충언역이 忠言逆耳

충직한 말은 귀에 거슬림.

*忠 충성 충
*言 말씀 언
*逆 거스를 역
*耳 귀 이

나의 선한 점을 말해 주는 사람은 나의 적이요, 나의 나쁜 점을 말해 주는 사람은 나의 스승이다.

5-4.

마원왈 문인지과실 여문부모지명 이
馬援曰 聞人之過失이어든 如聞父母之名하여 耳
가득문 구불가언야
可得聞이언정 口不可言也니라.

*馬援: <1-5> 참조.

5-5.

강절소선생왈 문인지방 미상노 문
康節邵先生曰 聞人之謗이라도 未嘗怒하며 聞
인지예 미상희 문인지악 미상화
人之譽라도 未嘗喜하며 聞人之惡이라도 未嘗和하며
문인지선 즉취이화지 우종이희지
聞人之善이면 則就而和之하고 又從而喜之니라.
기시왈 락견선인 락문선사 락도선언
其詩曰 樂見善人하며 樂聞善事하며 樂道善言
락행선의 문인지악 여부망극
하며 樂行善意하고 聞人之惡이어든 如負芒棘하고
문인지선 여패난혜
聞人之善이어든 如佩蘭蕙니라.

*康節邵先生: <2-2> 참조.

5-6.

도오선자 시오적 도오악자 시오사
道吾善者는 是吾賊이요 道吾惡者는 是吾師니라.

*道: 말함. 이야기함.

5-7.

무가지보 無價之寶

값을 매길 수 없을 만큼 귀중한 보배.

*無 없을 무
*價 값 가
*之 어조사 지
*寶 보배 보

태공이 말하였다. "근면은 값을 매길 수 없는 보배이며, 신중은 몸을 보호하는 신표이다."

5-8.

청심과욕 淸心寡慾

마음을 깨끗이 하고 욕심을 적게 함.

*淸 맑을 청
*心 마음 심
*寡 적을 과
*慾 욕심 욕

『경행록』에서 말하였다. "생명을 보존하는 자는 욕심을 적게 하고 몸을 보존하는 자는 명예를 피할 것이니, 욕심을 없애기는 쉬우나 명예욕을 없애기는 어렵다."

5-9.

군자삼계 君子三戒

군자가 경계해야 할 3가지. 청년기에는 색욕, 장년기에는 다툼, 노년기에는 탐욕을 경계해야 함.

*君 군자 군
*子 사람 자
*三 석 삼
*戒 경계할 계

공자가 말하였다. "군자는 3가지 경계할 것이 있으니 어릴 때는 혈기가 정하여지지 않았는지라 경계할 것이 여색에 있고, 장성함에 이르러서는 혈기가 바야흐로 강성한지라 경계할 것이 싸움에 있고, 몸이 늙음에 이르러서는 혈기가 이미 쇠해졌는지라 경계할 것이 얻으려는 데 있다."

5-7.

태 공 왈 근 위 무 가 지 보 신 시 호 신 지 부
太公曰 勤爲無價之寶요 **愼是護身之符**니라.

*信標: 군대를 동원할 때 사용하는 발병부發兵符를 가리킴. 한쪽 면에는 '발병發兵'이라고 쓰고 다른 한쪽 면에는 관직명이나 부대명칭을 적었음. 가운데를 쪼개어 오른 쪽은 책임자가 소지하고 왼쪽은 임금이 가지고 있다가 임금이 교서敎書와 함께 신표를 내려 보내면 서로 맞추어 보고 확인 후 명령을 수행했음.

5-8.

경 행 록 왈 보 생 자 과 욕 보 신 자 피 명
景行錄曰 保生者는 **寡慾**하고 **保身者**는 **避名**이니
무 욕 이 무 명 난
無慾은 **易**나 **無名**은 **難**이니라.

*景行錄: <1-7> 참조.

5-9.

자 왈 군 자 유 삼 계 소 지 시 혈 기 미 정 계 지
子曰 君子有三戒하니 **少之時**엔 **血氣未定**이라. **戒之**
재 색 급 기 장 야 혈 기 방 강 계 지 재 투
在色하고 **及其長也**하여는 **血氣方剛**이라. **戒之在鬪**하고
급 기 노 야 혈 기 기 쇠 계 지 재 득
及其老也하여는 **血氣旣衰**하라. **戒之在得**이니라.

해설 이 구절은『논어』「계씨季氏」편에 있는 다음의 내용과 같다. 공자께서 말씀하셨다. "군자에게 3가지 경계할 것이 있으니, 젊어서는 혈기가 아직 확정되지 않았으므로 경계할 것이 여색에 있고, 장성해서는 혈기가 한창 강하므로 경계할 것이 싸움에 있고, 늙어서는 혈기가 이미 쇠하므로 경계할 것이 얻는데 있다."(孔子曰 君子有三戒, 少之時, 血氣未定, 戒之在色, 及其壯也, 血氣方剛, 戒之在鬪, 及其老也, 血氣旣衰, 戒之在得.)

5-10.

심평기화 心平氣和

마음이 평온하고 기운이 조화로움.

*心 마음 심
*平 평평할 평
*氣 기운 기
*和 화할 화

『손진인 양생명』에서 말하였다. "성냄이 심하면 특히 기운을 상하고, 생각이 많으면 크게 정신을 손상한다. 정신이 피로하면 마음이 휘둘리기 쉽고, 기운이 약하면 병이 서로 생겨난다. 슬퍼하고 기뻐하는 것을 심하게 하지 말 것이며, 마땅히 음식을 고르게 하며, 밤에 자주 술 취하는 것을 막고, 새벽에 성내는 것을 제일 경계하라."

5-11.

정심수기 正心修己

마음을 바르게 하고 자신의 몸을 수양함.

*正 바를 정
*修 닦을 수
*己 몸 기

『경행록』에서 말하였다. "음식이 담박하면 정신이 상쾌할 것이요, 마음이 맑으면 꿈과 잠자리가 편안하다."

5-12.

정심응물 定心應物

마음을 가라앉히고 만물을 대함.

*定 정할 정
*應 응할 응
*物 만물 물

마음을 정하여 사물에 대응하면, 비록 글을 읽지 않았더라도 덕이 있는 군자가 될 수 있다.

5-10.

손 진 인 양 생 명 운 　노 심 편 상 기 　사 다 태 손 신
孫眞人養生銘云 怒甚偏傷氣요 思多太損神이라.
신 피 심 이 역 　기 약 병 상 인 　물 사 비 환 극
神疲心易役이요 氣弱病相因이라. 勿使悲歡極하고
당 령 음 식 균 　재 삼 방 야 취 　제 일 계 신 진
當令飮食均하며 再三防夜醉하고 第一戒晨嗔하라.

*孫眞人: 도교道教에서 받드는 손孫씨 성姓을 가진 신선神仙 중 하나. 진인眞人이란 도교에서 최고 경지에 오른 신선을 가리키는 용어임. 일설에 따르면, 당唐나라 손사막孫思邈이라고도 함.

*養生銘: 도교에서 생명을 보존하고 장수長壽하는 비결을 적은 글.

5-11.

경 행 록 왈 　식 담 정 신 상 　심 청 몽 매 안
景行錄曰 食淡精神爽이요 心淸夢寐安이니라.

*景行錄: <1-7> 참조.

5-12.

정 심 응 물 　수 부 독 서 　가 이 위 유 덕 군 자
定心應物하면 雖不讀書라도 可以爲有德君子니라.

*物: 일반적으로는 물건이나 사물을 뜻하지만, 성리학에서는 외부의 모든 사물과 사건들을 총칭.

5-13.

징분질욕 懲忿窒慾

분노를 경계하고 욕심을 막음.

*懲 징계할 징
*忿 성낼 분
*窒 막을 질
*慾 욕심 욕

『근사록』에서 말하였다. "성냄을 징계하기를 마치 불을 끄듯이 하고, 욕심 막기를 물을 막듯이 하라."

5-14.

엄이율기 嚴以律己

자신을 엄격히 단속함.

*嚴 엄격할 엄
*以 써 이
*律 계율 율
*己 몸 기

『이견지』에서 말하였다. "여색 피하기를 원수 피하듯이 하고, 바람 피하기를 화살 피하는 것 같이 하며, 빈속에 차를 마시지 말고, 밤중에는 밥을 적게 먹어라."

5-15.

군자무본 君子務本

군자는 근본에 힘씀.

*君 군자 군
*子 사람 자
*務 힘쓸 무
*本 근본 본

순자가 말하였다. "쓸 데 없는 변론이나 급하지 않은 일은 버려 두어 다스리지 말라."

5-13.

근 사 록 운 징 분 여 구 화 질 욕 여 방 수
近思錄云 懲忿을 如救火하고 窒慾을 如防水하라.

*近思錄: 송宋나라 주자朱子(1130~1200)가 그의 친구인 여조겸呂祖謙(1137~1181)과 함께 지은 책으로서 인격수양에 관한 명언 622조목을 간추려 14부로 편집한 책.

5-14.

이 견 지 운 피 색 여 피 수 피 풍 여 피 전
夷堅志云 避色을 如避讐하고 避風을 如避箭하며
막 끽 공 심 다 소 식 중 야 반
莫喫空心茶하고 少食中夜飯하라.

*夷堅志: 송宋나라 홍매洪邁(1123~1202)가 신선과 귀신에 관한 이야기를 모아 엮은 설화집(총 420권).

5-15.

순 자 왈 무 용 지 변 불 급 지 찰 기 이 물 치
荀子曰 無用之辯과 不急之察을 棄而勿治하라.

*察: 살필 만한 일

*荀子(?~BC.235): 이름은 황況이며, 중국 전국戰國시대 말기 사람. 맹자의 성선설性善說에 대응하여 성악설性惡說을 주장한 사상가로서 조趙나라 출신. 전한前漢의 선제宣帝 이름이 순詢이라서 비슷하다는 이유로 손황孫況으로도 바꾼 이후 경칭으로 순경荀卿 또는 손경자孫卿子로도 불림.

5-16.

부화뇌동 附和雷同

우레 소리에 맞춰 함께 소리를 냄. 줏대 없이 남의 의견에 따라 움직임을 이르는 말.

*附 붙을 부
*和 화할 화
*雷 우레 뢰(뇌)
*同 같을 동

공자가 말하였다. "여러 사람이 좋아하더라도 반드시 살펴보아야 하며, 여러 사람이 미워하더라도 반드시 살펴보아야 한다."

5-17.

견금여석 見金如石

황금 보기를 돌같이 함.

*見 볼 견
*金 금 금
*如 같을 여
*石 돌 석

술에 취해서는 말하지 않음이 진정한 군자요, 재물에 대해 분명함이 사내대장부이다.

5-18.

대인춘풍 對人春風

다른 사람을 상대할 때는 봄바람같이 대함. 다른 사람을 대할 때 관대해야 함을 비유한 말.

*對 상대할 대
*人 사람 인
*春 봄 춘
*風 바람 풍

모든 일에 너그러움을 좇으면 그 복이 저절로 두터워진다.

5-16.

자 왈 중 호 지 필 찰 언 중 오 지
子曰 衆이 好之라도 必察焉하며 衆이 惡之라도
필 찰 언
必察焉이니라.

해설 이 구절은 『논어』 「위령공衛靈公」편에 있는 내용과 같다.

5-17.

주 중 불 어 진 군 자 재 상 분 명 대 장 부
酒中不語는 眞君子요 財上分明은 大丈夫니라.

*大丈夫: <5-2> 참조.

5-18.

만 사 종 관 기 복 자 후
萬事從寬이면 其福自厚니라.

5-19.

역지사지 易地思之

처지를 바꾸어서 상대방을 생각함.

*易 바꿀 역
*地 땅 지
*思 생각 사
*之 어조사 지

태공이 말하였다. "타인을 헤아리고자 한다면 먼저 반드시 자신을 헤아려라. 남을 해치는 말은 도리어 자신을 해치는 것이니, 피를 머금어 남에게 뿜으면 먼저 자기의 입을 더럽힌다."

5-20.

성실재근 成實在勤

성공의 열매는 부지런함 속에 있음.

*成 성공 성
*實 열매 실
*在 있을 재
*勤 부지런할 근

모든 유희는 무익하고, 오직 근면만이 공이 있다.

5-21.

오비이락 烏飛梨落

까마귀 날자 배 떨어짐. 아무 관계도 없이 한 일이 공교롭게도 때가 같아 억울하게 의심을 받거나 난처한 위치에 서게 됨을 비유한 말.

*烏 까마귀 오
*飛 날 비
*梨 배나무 리(이)
*落 떨어질 락(낙)

태공이 말하였다. "오이 밭에서 짚신을 고쳐 신지 말고, 오얏나무 아래에서는 갓을 고쳐 쓰지 말라."

5-19.

태공왈 욕량타인 선수자량 상인지어

太公曰 欲量他人인대 先須自量하라. 傷人之語는

환시자상 함혈분인 선오기구

還是自傷이니 含血噴人이면 先汚其口니라.

*量: 헤아림. 측량測量.

5-20.

범희 무익 유근 유공

凡戲는 無益이요 惟勤이 有功이니라.

*戲: 놀이. 유희遊戲.

*勤: 부지런함. 근면勤勉.

5-21.

태공왈 과전 불납리 이하 부정관

太公曰 瓜田에 不納履하고 李下에 不整冠이니라.

*納履: 신발을 고쳐 신음.

5-22.

유비무환 有備無患

미리 준비가 되어 있으면 걱정할 것이 없음.

*有 있을 유
*備 갖출 비
*無 없을 무
*患 근심 환

『경행록』에서 말하였다. "마음은 편안할 수 있을지언정 육체는 수고롭지 않아서는 안 될 것이요, 도는 즐길 수 있을지언정 몸은 걱정하지 않아서는 안 된다. 육체가 수고롭지 않으면 게을러져서 어그러지기 쉽고, 몸이 걱정하지 않으면 방탕해져서 안정되지 못한다. 그러므로 편안함은 수고로움에서 생겨 항상 편안할 수 있고, 즐거움은 근심에서 생겨 싫증이 없나니, 편안하고 즐거워하는 사람이 근심과 수고로움을 어찌 잊을 수 있겠는가?"

5-23.

비례물청 非禮勿聽

예가 아니면 듣지도 말아야 함.

*非 아닐 비
*禮 예도 례(예)
*勿 말 물
*聽 들을 청

귀로는 남의 나쁜 것을 듣지 말고, 눈으로는 남의 단점을 보지 말고, 입으로는 남의 허물을 말하지 않아야 군자에 가깝다.

5-24.

삼사일언 三思一言

세 번 신중히 생각하고, 한 번 조심히 말함.

*三 석 삼
*思 생각 사
*一 한 일
*言 말씀 언

채백개가 말하였다. "기뻐하고 노여워하는 것은 마음에 있고, 말은 입 밖으로 나가는 것이니 삼가지 않을 수 없다."

5-22.

경행록왈 심가일 형불가불로 도가락
景行錄曰 心可逸이언정 形不可不勞요 道可樂
신불가불우 형불로즉태타이폐 신
이언정 身不可不憂니 形不勞則怠惰易弊하고 身
불우즉황음부정 고 일생어로이상휴
不憂則荒淫不定이라. 故로 逸生於勞而常休하고
락생어우이무염 일락자 우로 기가망호
樂生於憂而無厭하나니 逸樂者는 憂勞를 其可忘乎아.

*景行錄: <1-7> 참조.

5-23.

이불문인지비 목불시인지단 구불언인지
耳不聞人之非하고 目不視人之短하고 口不言人之
과 서기군자
過라야 庶幾君子니라.

*庶幾: 거의 가까움.

해설 『논어』「안연顔淵」편에 위 문장과 비교하며 읽어 볼만한 구절이 있다. 그 내용은 다음과 같다. 공자가 말하였다. "군자는 남의 장점을 이루어 주고 남의 단점을 이루어 주지 않지만, 소인은 이를 반대로 한다."(子曰 君子, 成人之美, 不成人之惡, 小人, 反是.) 군자는 타인을 아끼는 마음으로 상대방의 좋은 점을 드러내 주고, 나쁜 점은 감추어 준다. 그러나 소인은 남들과 경쟁하여 이기고 싶은 마음 때문에 상대방의 나쁜 점을 일부러 드러내고 좋은 점은 감추려고 한다.

5-24.

채백개왈 희노 재심 언출어구 불가불
蔡伯喈曰 喜怒는 在心하고 言出於口하나니 不可不
신
愼이니라.

*蔡伯喈(?~?): 후한後漢 영제靈帝 때의 학자로서 이름은 옹邕, 호는 백개伯喈. 시부詩賦와 글을 잘 썼다고 전해지며, 저서로는 『채중랑집蔡中郎集』이 있음.

5-25.

우이독경 牛耳讀經

쇠귀에 경전 읽기. 아무리 가르치고 일러 주어도 알아듣지 못함을 이르는 말.

*牛 소 우
*耳 귀 이
*讀 읽을 독
*經 글 경

재여가 낮잠을 자거늘, 공자가 말하였다. "썩은 나무는 조각할 수 없고, 썩은 흙으로 만든 담은 흙손질을 할 수 없다."

5-26.

성의정심 誠意正心

뜻을 정성스레 하고 마음을 바르게 함.

*誠 정성 성
*意 뜻 의
*正 바를 정
*心 마음 심

『자허원군 성유심문』에서 말하였다. "복은 청렴과 검소함에서 생기고, 덕은 낮추고 물러서는 데서 생기며, 도는 안정에서 생기고, 생명은 화창함에서 생긴다. 근심은 욕심이 많음에서 생기고, 재앙은 탐욕이 많은 데서 생기며, 과실은 경솔하고 교만한 데서 생기고, 죄악은 어질지 못한 데서 생긴다. 눈을 경계하여 다른 사람의 그릇된 것을 보지 말고, 입을 경계하여 다른 사람의 단점을 말하지 말고, 마음을 경계하여 스스로 탐내고 성내지 말고, 몸을 경계하여 나쁜 동료를 따르지 말며, 유익하지 않은 말은 함부로 하지 말고, 나와 관련 없는 일은 함부로 하지 말라. 임금을 높이고 부모에게 효도하며, 어른을 존경하고 덕이 있는 사람을 받들며, 어진 사람과 어리석은 사람을 분별하고 무식한 사람을 용서하라. 일이 순리대로 오거든 물리치지 말고, 일이 이미 지나갔거든 뒤쫓지 말며, 몸이 아직 때를 만나지 않았거든 원망하지 말고, 일이 이미 지나갔거든 생각하지 말라. 총명한 사람도 어두운 때가 많고, 계산도 편의를

5-25.

재 여 주 침 자 왈 후 목 불 가 조 야
宰予 晝寢이어늘 子曰 朽木은 不可雕也요
분 토 지 장 불 가 오 야
糞土之墻은 不可圬也니라.

해설 이 구절은 『논어』「공야장公冶長」편에 있는 다음의 내용과 같다. 재여宰予가 낮잠을 자거늘, 공자가 말하였다. "썩은 나무는 조각할 수 없고, 썩은 흙으로 만든 담은 흙손질을 할 수 없다. 재여에게 무엇을 꾸짖겠는가?" 공자가 말하였다. "처음에 나는 남에 대하여 그의 말을 듣고 그의 행실을 믿었으나, 이제 남에 대하여 그의 말을 듣고 그의 행실을 살피게 되었다. 재여로 인해 이것이 바뀐 것이다."(宰予晝寢, 子曰 朽木, 不可雕也, 糞土之牆, 不可杇也, 於予與, 何誅. 子曰 始吾於人也, 聽其言而信其行, 今吾於人也, 聽其言而觀其行, 於予與, 改是.)

*宰予(B.C.522~458): 공자보다 29세가 적은 공자의 제자로서 춘추 말기 노나라 사람. 자字는 자아子我이며, 공자의 뛰어난 10명의 제자를 일컫는 공문십철孔門十哲의 한 사람. 『사기史記』에 따르면, 재여는 공자가 주유천하周遊天下할 때에 처음부터 끝까지 동행했다고 전함. 특히 지혜가 뛰어났으며, 언변言辯에도 능한 사람이었음.

5-26.

자 허 원 군 성 유 심 문 왈 복 생 어 청 검 덕 생
紫虛元君誠諭心文曰 福生於淸儉하고 德生
어 비 퇴 도 생 어 안 정 명 생 어 화 창 환
於卑退하고 道生於安靜하고 命生於和暢하고 患
생 어 다 욕 화 생 어 다 탐 과 생 어 경 만
生於多慾하고 禍生於多貪하고 過生於輕慢하고
죄 생 어 불 인 계 안 막 간 타 비 계 구
罪生於不仁이니라. 戒眼하여 莫看他非하고 戒口하여
막 담 타 단 계 심 막 자 탐 진 계 신
莫談他短하고 戒心하여 莫自貪嗔하고 戒身하
막 수 악 반 무 익 지 언 막 망 설 불 간
여 莫隨惡伴하며 無益之言을 莫妄說하고 不干
기 사 막 망 위 존 군 왕 효 부 모 경 존
己事를 莫妄爲하며 尊君王孝父母하고 敬尊
장 봉 유 덕 별 현 우 서 무 식 물 순 래 이 물 거
長奉有德하고 別賢愚恕無識하며 物順來而勿拒
물 기 거 이 물 추 신 미 우 이 물 망 사 이 과
하고 物旣去而勿追하며 身未遇而勿望하고 事已過
이 물 사 총 명 다 암 매 산 계 실 편 의
而勿思하라. 聰明도 多暗昧요 算計도 失便宜니라.
손 인 종 자 실 의 세 화 상 수 위 부 절 이 망 가
損人終自失이요 依勢禍相隨라. 爲不節而亡家하고

*紫虛元君: 도교道敎에서 받드는 여자 신선神仙.
*誠諭心文: 정성으로 마음을 깨우쳐 준 글.
*尊長 : 신분 상 윗사람이거나 연장자年長者를 가리킴.
*君: 그대. 당신. 2인칭.

잃는 수가 있다. 남을 손상하면 마침내 자기도 손실을 입을 것이요, 세력에 의존하면 재앙이 서로 따른다. 경계할 것은 마음에 있고, 지킬 것은 기운에 있다. 절약하지 않음으로써 집을 망치고 청렴하지 않음 때문에 지위를 잃는다. 그대에게 평생을 두고 스스로 경계할 것을 권고하노니, 탄식하고 놀라고 두려워하라. 위에는 하늘의 거울이 그대를 굽어보고, 아래에는 땅의 신령이 그대를 살피고 있다. 밝은 곳에는 왕의 법이 서로 이어져 있고, 어두운 곳에는 귀신이 서로 따르고 있다. 오직 바른 것을 지켜야 하고 마음을 속여서는 안 되니, 경계하고 경계하라."

인 불 염 이 실 위　　권 군 자 경 어 평 생　　가 탄 가
因不廉而失位니라. 勸君自警於平生하노니 可歎可

경 이 가 외　　상 임 지 이 천 감　　하 찰 지 이 지 기
驚而可畏니라. 上臨之以天鑑하고 下察之以地祇라.

명 유 왕 법 상 계　　암 유 귀 신 상 수　　유 정 가 수
明有王法相繼하고 暗有鬼神相隨라. 惟正可守요

심 불 가 기　　계 지 계 지
心不可欺니 戒之戒之하라.

6 분수에 만족하는 글

6-1.

『경행록』에서 말하였다. "만족할 줄 알면 즐거울 수 있고, 탐욕에 힘쓰면 근심하게 된다."

지족상락 知足常樂

만족할 줄 알면 항상 즐거움.

*知 알 지
*足 만족할 족
*常 : 항상 상
*樂 즐거울 락(낙)

6-2.

만족할 줄 아는 사람은 가난하고 천해도 즐거우며, 만족할 줄 모르는 사람은 부하고 귀해도 근심한다.

안빈낙도 安貧樂道

가난한 생활을 하면서도 편안한 마음으로 도를 즐기며 지킴.

*安 편안할 안
*貧 가난할 빈
*道 도리 도

6-3.

지나친 생각은 단지 정신을 상하게 할 뿐이요, 망령된 행동은 도리어 재앙을 부른다.

과유불급 過猶不及

적당한 정도를 지나침은 미치지 못함과 같음.

*過 지날 과
*猶 오히려 유
*不 아닐 불
*及 미칠 급

6-4.

만족할 줄 알아 늘 만족스러워하면 종신토록 욕되지 않고, 그칠 줄을 알아 늘 그치면 종신토록 부끄러움이 없을 것이다.

취이불탐 取而不貪

취할 것은 취하지만 탐하지는 않음.

*取 가질 취
*而 말 이을 이
*貪 탐낼 탐

6 안분편 安分篇

6-1.

경 행 록 운 지 족 가 락 무 탐 즉 우
景行錄云 知足可樂이요 務貪則憂니라.

*景行錄: <1-7> 참조.

6-2.

지 족 자 빈 천 역 락 부 지 족 자 부 귀 역 우
知足者는 貧賤亦樂이요 不知足者는 富貴亦憂니라.

6-3.

남 상 도 상 신 망 동 반 치 화
濫想은 徒傷神이요 妄動은 反致禍니라.

*妄動: 경거망동輕擧妄動. 함부로 행동하는 것.

6-4.

지 족 상 족 종 신 불 욕 지 지 상 지 종 신 무 치
知足常足이면 終身不辱하고 知止常止면 終身無恥니라.

6-5.

대교약졸 大巧若拙

매우 뛰어난 솜씨는 오히려 서투른 것같이 보임. 총명한 사람은 뽐내거나 과장하지 않아서 도리어 어리석은 것처럼 보인다는 말.

*大 클 대
*巧 공교할 교
*若 같을 약
*拙 서툴 졸

『서경』에서 말하였다. “가득 차면 덜어냄을 부르고 겸손하면 이익을 받는다.”

6-6.

지족불욕 知足不辱

모든 일에 분수를 알고 만족하며 살면 모욕을 받지 않음.

*知 알 지
*足 만족할 족
*不 아닐 불
*辱 욕될 욕

『안분음』에서 말하였다. “분수에 편안하면 몸에 욕됨이 없을 것이요, 기미를 알면 마음이 저절로 한가할 것이니 비록 인간 세상에 살더라도 도리어 인간 세상을 벗어나는 것이다.”

6-7.

경거망동 輕擧妄動

가볍게 움직이고 망령되이 행동함.

*輕 가벼울 경
*擧 들 거
*妄 망령될 망
*動 움직일 동

공자가 말하였다. “그 지위에 있지 않으면, 그 정치를 도모하지 않는 것이다.”

6-5.

서 왈 만초손 겸수익
書曰 滿招損하고 **謙受益**이니라.

해설 '滿招損 謙受益'은 『서경書經』 「우서虞書·대우모大禹謨」에 있는 구절이다. 내용은 다음과 같다. 30일 동안을 묘苗의 백성이 명령을 거역하자, 익益이 우禹를 거들며 말하였다. "오직 덕만이 하늘을 감동시켜 멀어도 도달하지 않음이 없습니다. 자만하면 손해를 부르고 겸손하면 유익함을 얻으니 이것이 곧 천도天道입니다. 순舜임금이 처음 역산歷山에 계실 때, 밭에 가셔서 날마다 하늘과 부모께 울부짖으시며 죄를 짊어지고 사특함을 자신에게 돌리셨으며, 일을 신중히 하며 고수瞽瞍를 뵙되 공경하고 두려워하니, 고수 역시 진실해지고 순해졌습니다. 정성이 지극하면 귀신도 감동하는데, 하물며 이 묘족정도이겠습니까?" 우가 훌륭한 말에 절하며 "그렇구나!"라고 말하고 군대를 되돌려 거두었다. 순임금이 크게 문덕文德을 펴시어 간干과 우羽를 섬돌 아래에서 춤추게 하자, 70일 만에 묘족이 순종하게 되었다.(三旬, 苗民逆命, 益贊于禹曰 惟德動天, 無遠弗屆, 滿招損, 謙受益, 時乃天道. 帝初于歷山, 往于田, 日號泣于旻天, 于父母, 負罪引慝, 祗載見瞽瞍, 夔夔齊慄, 瞽亦允若, 至誠感神, 矧茲有苗. 禹拜昌言曰 俞, 班師振旅, 帝乃誕敷文德, 舞干羽于兩階, 七旬, 有苗格.)

*書經: 삼경三經(시詩·서書·역易) 혹은 오경五經(시·서·역·예기禮記·춘추春秋) 중 하나. 요堯·순舜으로부터 주周나라에 이르는 성왕聖王들의 역사를 기록한 책으로서 공자가 정리했다고 전함. 송宋나라 채침蔡沉이 해설한 것을 서전書傳(20권 58편)이라고 부름.

6-6.

안분음왈 안분신무욕 지기심자한 수거
安分吟曰 安分身無辱이요 **知幾心自閑**이니 **雖居**
인세상 각시출인간
人世上이나 **却是出人間**이니라.

*安分吟: 송宋나라 때의 안분시安分詩(자신의 편안함을 읊조리는 시)로서 저자가 누구인지 명확히 알 수 없음. 청주본淸州本 『명심보감』에는 안분음이 아니라 격양시擊壤詩(풍년을 기뻐하며 지은 시)로 되어 있음.

6-7.

자 왈 부재기위 불모기정
子曰 不在其位하여는 **不謀其政**이니라.

해설 이 구절은 『논어』 「태백泰伯」편에 있는 내용과 같다.

7 마음을 보존하는 글

7-1.

『경행록』에서 말하였다. "밀실에 앉아있어도 마치 네거리에 있는 것처럼 생각하고, 작은 마음 제어하기를 마치 여섯 필의 말을 부리듯 하면 허물을 면할 수 있다."

수기이경 修己以敬

공경으로써 자신의 몸을 수양함.

*修 닦을 수
*己 몸 기
*以 써 이
*敬 공경 경

7-2.

『격양시』에서 말하였다. "부귀를 만약 지혜와 힘으로 구할 수 있다면, 중니도 젊은 나이에 제후에 봉해졌을 것이다. 세상 사람들은 푸른 하늘의 뜻을 알지 못하고, 부질없이 몸과 마음으로 하여금 한밤중까지 근심하게 한다."

부운지지 浮雲之志

뜬구름과 같은 일시적인 부귀영화를 바라는 마음.

*浮 뜰 부
*雲 구름 운
*之 어조사 지
*志 뜻 지

7-3.

범충선공이 자제를 경계하여 말하였다. "사람이 비록 어리석을지라도 남을 꾸짖는 데엔 밝고, 비록 총명함이 있다 해도 자기를 용서하는 데엔 어둡다. 너희들은 항상 남을 꾸짖는 마음으로써 자기를 꾸짖고, 자기를 용서하는 마음으로써 남을 용서한다면, 성현의 경지에 이르지 못함을 근심할 것이 없다."

지기추상 持己秋霜

자기 자신을 대할 때에는 가을 서리처럼 엄격함.

*持 잡을 지
*秋 가을 추
*霜 서리 상

7 존심편 存心篇

7-1.

경 행 록 운　좌 밀 실　여 통 구　어 촌 심　여 육 마

景行錄云 坐密室을 **如通衢**하고 **馭寸心**을 **如六馬**면

가 면 과

可免過니라.

*景行錄: <1-7> 참조.

*通衢: 사방四方으로 통한 큰 길이라서 사람들이 편리하게 왕래往來하는 네거리.

*六馬: 천자天子가 타는 수레를 끄는 6마리의 말. 6마리 말이란 뜻에서 '매우 빠른 수레'를 비유하는 말로 사용된다.

7-2.

격 양 시 운　부 귀　여 장 지 력 구　중 니

擊壤詩云 富貴를 **如將智力求**인대 **仲尼**도

연 소 합 봉 후　세 인　불 해 청 천 의　공 사 신 심

年少合封侯라 **世人**은 **不解靑天意**하고 **空使身心**

반 야 수

半夜愁니라.

*仲尼: 공자孔子(B.C. 551~479)의 자字. <1-1> 참조.

*擊壤: 배불리 먹은 뒤 '배를 두드리고 땅을 치다'는 고복격양鼓腹擊壤이란 말에서 유래한 말로서 요순堯舜시대와 같은 좋은 시절 혹은 태평성대太平聖代를 비유하는 말로 사용됨. 격양은 '흙으로 만든 악기를 쳐서 연주하는 일'을 가리킴.

7-3.

범 충 선 공　계 자 제 왈　인 수 지 우　책 인 즉 명

范忠宣公이 **戒子弟曰 人雖至愚**나 **責人則明**하고

수 유 총 명　서 기 즉 혼　이 조　단 상 이 책 인 지

雖有聰明이나 **恕己則昏**이니 **爾曹**는 **但常以責人之**

심　책 기　서 기 지 심　서 인　즉 불 환 부

心으로 **責己**하고 **恕己之心**으로 **恕人**이면 **則不患不**

도 성 현 지 위 야

到聖賢地位也니라.

해설 이 구절은 『소학小學』「가언嘉言」편에 있는 내용과 같다. 출전은 『송명신언행록宋名臣言行錄』.

*范忠宣公(1027~1101): 중국 북송北宋 시기 재상宰相이었던 범중엄范仲淹(989~1052: 송학宋學의 선구자 중 한 사람으로서 북송의 대표적 정치가·문학자)의 둘째 아들로서 이름은 순인純仁, 자는 요부堯夫, 시호는 충선忠宣.

7-4.

겸양지덕 謙讓之德

겸손하게 사양하는 미덕.

*謙 겸손할 겸
*讓 사양할 양
*之 어조사 지
*德 덕 덕

공자가 말하였다. "총명하고 생각이 밝더라도 어리석음으로 지키고, 공이 천하를 덮을 만하더라도 겸양으로 지키고, 용맹이 세상에 떨칠지라도 겁냄으로써 지키고, 부유하기가 온 세상을 차지할 정도라도 겸손으로써 지켜야 한다."

7-5.

배은망덕 背恩忘德

과거에 받은 은혜를 잊고 배신하는 태도.

*背 배신할 배
*恩 은혜 은
*忘 잊을 망
*德 덕 덕

『소서』에서 말하였다. "박하게 베풀고 후하게 바라는 사람에게는 보답하지 않고, 몸이 귀하게 되어 천했던 때를 잊는 자는 오래가지 못한다."

7-6.

시은물구 施恩勿求

남에게 은혜를 베풀었으면 보답을 구하지 말라.

*施 베풀 시
*恩 은혜 은
*勿 말 물
*求 구할 구

은혜를 베풀었다면 보답을 구하지 말고, 남에게 주었거든 후회하지 말라.

7-4.

자 왈 총 명 사 예 수 지 이 우 공 피 천 하
子曰 聰明思睿라도 守之以愚하고 功被天下라도
수 지 이 양 용 력 진 세 수 지 이 겁 부 유 사
守之以讓하고 勇力振世라도 守之以怯하고 富有四
해 수 지 이 겸
海라도 守之以謙이니라.

*被: 두루 퍼짐. 꽉 참.

해설 위 문장은 『공자가어孔子家語』 「삼서제구三恕第九」에서 자로가 나아가 말하기를 "만족을 견지하는 데 방법이 있습니까?"(子路進日 敢問持滿有道乎.)라는 말에 공자의 대답으로 나오는 내용이다.

7-5.

소 서 운 박 시 후 망 자 불 보 귀 이 망 천 자
素書云 薄施厚望者는 不報하고 貴而忘賤者는
불 구
不久니라.

*素書: 한漢나라 때의 황석공黃石公이 지은 1권으로 된 병가서兵家書로 송宋나라의 장상영張商英이 주석注釋을 붙였음.

7-6.

시 은 물 구 보 여 인 물 추 회
施恩이어든 勿求報하고 與人이어든 勿追悔하라.

*勿: ~하지 말라.
*追: 거슬러 올라감.

7-7.

담대심소 膽大心小

담대하게 행동하되 마음가짐은 섬세하고 신중함.

*膽 쓸개 담
*大 클 대
*心 마음 심
*小 작을 소

손사막이 말하였다. "담력은 크고자 하되 마음가짐은 섬세하고자 하고, 지혜는 원만하고자 하되 행동은 바르게 하고자 하라."

7-8.

극념작성 克念作聖

성인의 언행을 잘 생각하여 실천하다보면 자연스럽게 성인이 됨.

*克 이길 극
*念 생각 념(염)
*作 지을 작
*聖 성인 성

생각마다 싸움터에 나가는 날에 임하듯이 하고, 마음마다 항상 다리를 건널 때와 같이 해야 한다.

7-9.

선공후사 先公後私

공익을 위한 일을 먼저 하고 개인적인 일은 나중에 함.

*先 먼저 선
*公 공평할 공
*後 뒤 후
*私 개인 사

법을 두려워하면 매일 아침이 즐거울 것이요, 공적인 일을 속이면 날마다 근심한다.

7-7.

손 사 막 왈　담 욕 대 이 심 욕 소　　지 욕 원 이 행 욕 방
孫思邈曰 膽欲大而心欲小하고 知欲圓而行欲方이니라.

*孫思邈(581~682): 당唐나라 때 명의名醫로서 신선사상神仙思想에 많은 관심을 가지고 있었으며, 당태종의 부름을 받았으나 은둔함. 저서로는 『천금방千金方』93권이 있음. <5-10> 참조.

해설 이 구절은 『소학小學』「가언嘉言」편에 있는 내용과 같다. 출전은 『당서唐書』「은일열전(隱逸列傳)」.

7-8.

염 염 요 여 임 전 일　　심 심 상 사 과 교 시
念念要如臨戰日하고 心心常似過橋時니라.

7-9.

구 법 조 조 락　　기 공 일 일 우
懼法朝朝樂이요 欺公日日憂니라.

*欺公: 간사한 일을 저지르는 범법犯法 행위.

7-10.

주문공이 말하였다. "입을 지키는 것을 병과 같이 하고, 사사로운 뜻을 막는 것을 성을 지키는 것처럼 하라."

수구여병 守口如瓶

입을 병마개 막듯이 꼭 막음. 비밀을 다른 사람이 알지 못하도록 함.

*守 지킬 수
*口 입 구
*如 같을 여
*瓶 병 병

7-11.

마음이 남을 저버리지 않았으면 얼굴에 부끄러운 빛이 없다.

무괴어심 無愧於心

마음에 조금도 부끄러울 것이 없음.

*無 없을 무
*愧 부끄러울 괴
*於 어조사 어
*心 마음 심

7-12.

사람은 백 살을 사는 사람이 없건만 헛되이 천 년의 계획을 세운다.

도로무익 徒勞無益

헛되이 애만 쓰고 아무런 이로움이 없음.

*徒 한갓 도
*勞 힘쓸 로(노)
*無 없을 무
*益 이로울 익

7-13.

『구래공육회명』에서 말하였다. "관원은 사사롭고 굽은 일을 행하면 벼슬을 잃을 때 후회하고, 부자는 검소하지 않으면 가난해졌을 때 후회하고, 재주는 어렸을 때 배우지 않으면 시기가 지났을 때 후회하고, 일을 보고 배우지 않으면 필요할 때 후회하고, 취한 뒤에 함부로 말하면 술이 깨었을 때 후회하고, 편안할 때 쉬지 않으면 병이 들었을 때 후회할 것이다."

후회막급 後悔莫及

이미 잘못된 뒤에 아무리 후회해도 소용이 없음.

*後 뒤 후
*悔 뉘우칠 회
*莫 없을 막
*及 미칠 급

7-10.

주 문 공 왈 수 구 여 병 방 의 여 성
朱文公曰 守口如甁하고 防意如城하라.

*朱文公(1130~1200): 남송南宋 때의 대학자大學者인 주희朱熹로서 자字는 원회元晦·중회仲晦, 호號는 회암晦庵, 시호諡號는 문공文公. 성리학性理學을 집대성했으며, 『소학小學』·『근사록近思錄』·『사서집주四書集註』 등을 저술했음. 흔히 주자朱子라는 존칭으로 불림.

7-11.

심 불 부 인 면 무 참 색
心不負人이면 面無慙色이니라.

7-12.

인 무 백 세 인 왕 작 천 년 계
人無百歲人이나 枉作千年計니라.

7-13.

구 래 공 육 회 명 운 관 행 사 곡 실 시 회 부 불 검 용
寇萊公六悔銘云 官行私曲失時悔요 富不儉用

빈 시 회 예 불 소 학 과 시 회 견 사 불 학 용 시 회
貧時悔요 藝不少學過時悔요 見事不學用時悔요

취 후 광 언 성 시 회 안 부 장 식 병 시 회
醉後狂言醒時悔요 安不將息病時悔니라.

*寇萊公(961~1023): 중국 북송北宋의 정치가로서 이름은 준準, 자字는 평중平仲, 시호諡號는 충민忠愍. 내국공萊國公에 봉封해져서 '구래공'으로 불림.

*六悔銘: 6가지 후회後悔할 만한 일을 경계警戒하는 글.

7-14.

『익지서』에서 말하였다. "차라리 아무 사고 없이 집이 가난할지언정 사고가 있으면서 집이 부유하지 말 것이요, 차라리 사고 없이 초가집에서 살지언정 사고가 있으면서 좋은 집에 살지 말 것이요, 차라리 병이 없이 거친 밥을 먹을지언정 병이 있어 좋은 약을 먹지 말 것이다."

안온무사 安穩無事

조용하고 편안하게 아무 일 없이 지냄.

*安 편안 안
*穩 편안할 온
*無 없을 무
*事 일 사

7-15.

마음이 안정되면 초가집도 편안하고, 성품이 안정되면 나물국도 향기롭다.

소사채갱 疏食菜羹

거친 음식과 나물국. 청빈하고 소박한 생활을 이르는 말.

*疏 거칠 소
*食 밥 사
*菜 나물 채
*羹 국 갱

7-16.

『경행록』에서 말하였다. "남을 꾸짖는 자는 사귐을 온전히 할 수 없고, 자기를 용서하는 사람은 허물을 고치지 못한다."

책기지심 責己之心

스스로 제 허물을 꾸짖는 마음.

*責 꾸짖을 책
*己 몸 기
*之 어조사 지
*心 마음 심

7-17.

아침 일찍 일어나고 밤늦게 자서 충성과 효도를 생각하는 사람은 남이 알아주지 않더라도 하늘이 반드시 알아줄 것이요, 배부르게 먹고 따뜻하게 입어 안락하게 제 몸만 보호하는 자는 몸은 비록 편안하겠지만 그 자손은 어떻게 할 것인가?

숙흥야매 夙興夜寐

아침 일찍 일어나고 밤에 늦게 자며 부지런히 일함.

*夙 일찍 숙
*興 일어날 흥
*夜 밤 야
*寐 잠잘 매

7-14.

익 지 서 운 영 무 사 이 가 빈 막 유 사 이 가 부
益智書云 寧無事而家貧이언정 莫有事而家富요
영 무 사 이 주 모 옥 불 유 사 이 주 금 옥 영 무
寧無事而住茅屋이언정 不有事而住金屋이요 寧無
병 이 식 추 반 불 유 병 이 복 양 약
病而食麤飯이언정 不有病而服良藥이니라.

*益智書: 송나라 때에 만들어진 책으로 전해지고 있으나, 정확한 기록은 없음. <2-4> 참조.

7-15.

심 안 모 옥 온 성 정 채 갱 향
心安茅屋穩이요 性定菜羹香이니라.

*性: 타고난 성품性品. 사람의 천성天性

7-16.

경 행 록 운 책 인 자 부 전 교 자 서 자 불 개 과
景行錄云 責人者는 不全交요 自恕者는 不改過니라.

*景行錄: <1-7> 참조.

7-17.

숙 흥 야 매 소 사 충 효 자 인 부 지 천 필 지 지
夙興夜寐하여 所思忠孝者는 人不知나 天必知之요
포 식 난 의 이 연 자 위 자 신 수 안 기 여 자 손
飽食煖衣하여 怡然自衛者는 身雖安이나 其如子孫
하
에 何오.

*怡然: 편안하게.

7-18.

추기급인 推己及人

자신을 미루어서 다른 사람에게 미침. 자신의 경험이나 감정을 바탕으로 타인의 감정이나 상황을 이해하고 배려함을 이르는 말.

*推 밀 추
*己 자기 기
*及 미칠 급
*人 사람 인

아내와 자식을 사랑하는 마음으로써 어버이를 섬긴다면 그 효도가 극진할 것이요, 부귀를 보전하려는 마음으로 임금을 받든다면 어느 곳에 간들 충성하지 않음이 없을 것이요, 남을 책망하는 마음으로 자기를 책망하면 허물을 적게 만들 것이요, 자기를 용서하는 마음으로 남을 용서한다면 사귐을 온전히 할 것이다.

7-19.

멸사봉공 滅私奉公

사욕을 버리고 공익을 위하여 힘씀.

*滅 제거할 멸
*私 개인 사
*奉 받들 봉
*公 공평할 공

너의 꾀가 좋지 못하면 후회한들 어찌 미치겠으며, 너의 소견이 좋지 못하면 가르친들 무엇이 이로우리요? 자기 이익만 생각하면 도리에 위배되고, 사사로운 뜻이 확고하면 공익을 망치게 된다.

7-20.

모사재인 謀事在人

일을 도모하는 것은 사람에게 달렸음. 결과는 하늘에 맡기고 일을 힘써 꾀하여야 함을 이르는 말.

*謀 도모할 모
*事 일 사
*在 있을 재

일을 만들면 일이 생기고, 일을 덜면 일이 줄어든다.

7-18.

以愛妻子之心으로 事親이면 則曲盡其孝요 以保富貴之心으로 奉君이면 則無往不忠이요 以責人之心으로 責己면 則寡過요 以恕己之心으로 恕人이면 則全交니라.

(이애처자지심 사친 즉곡진기효 이보부귀지심 봉군 즉무왕불충 이책인지심 책기 즉과과 이서기지심 서인 즉전교)

*曲盡: 지극히 정성을 다함.
*寡過: 자신의 잘못을 줄임.

7-19.

爾謀不臧이면 悔之何及이며 爾見不長이면 敎之何益이리오 利心專則背道요 私意確則滅公이니라.

(이모부장 회지하급 이견부장 교지하익 이심전즉배도 사의확즉멸공)

*爾: 너. 당신. 2인칭.
*背道: 도리道理에 위배違背됨.

7-20.

生事事生이요 省事事省이니라.

(생사사생 생사사생)

*省: 덜어냄. 줄임.

8 성품을 경계하는 글

8-1.

『경행록』에서 말하였다. "사람의 성품은 물과 같아서 물이 한 번 엎어지면 회복할 수 없고 성품이 한 번 방종해지면 돌이킬 수 없을 것이니, 물을 제어하는 것은 반드시 제방으로써 하고 성품을 제어하는 것은 반드시 예법으로써 해야 한다."

극기복례 克己復禮

자기의 욕심을 누르고 예의범절을 따름. 자신의 사욕을 극복하고 올바르게 행동함을 이르는 말.

*克 이길 극
*己 몸 기
*復 회복할 복
*禮 예도 례(예)

8-2.

한 때의 분노를 참으면 백일의 근심을 면한다.

인중유화 忍中有和

인내 속에 화목이 있음.

*忍 참을 인
*中 가운데 중
*有 있을 유
*和 화목할 화

8-3.

참을 수 있으면 또한 참고, 경계할 수 있으면 또한 경계하라. 참지 않고 경계하지 않으면 작은 일이 크게 된다.

소사성대 小事成大

작은 일이 큰일이 됨. 작은 일이 큰일이 되지 않도록 경계하는 말.

*小 작을 소
*事 일 사
*成 이룰 성
*大 클 대

8 계성편 戒性篇

8-1.

경 행 록 운 인 성 여 수 수 일 경 즉 불 가 복
景行錄云 人性이 如水하여 水一傾則不可復이요
성 일 종 즉 불 가 반 제 수 자 필 이 제 방 제 성
性一縱則不可反이니 制水者는 必以堤防하고 制性
자 필 이 예 법
者는 必以禮法이니라.

*景行錄: <1-7> 참조.
*從: 멋대로 함. 방종放從.

8-2.

인 일 시 지 분 면 백 일 지 우
忍一時之忿이면 免百日之憂니라.

8-3.

득 인 차 인 득 계 차 계 불 인 불 계 소 사 성
得忍且忍이요 得戒且戒하라 不忍不戒면 小事成
대
大니라.

*得: 할 수 있음.

8-4.

어리석고 흐릿한 자가 화를 내는 것은 모두 이치를 알지 못하기 때문이다. 마음 위에 분노를 더하지 말고 다만 귓전을 스치는 바람결로 여겨라. 장점과 단점은 집집마다 있고 따뜻하고 싸늘한 것은 곳곳마다 같다. 시비란 실상이 없어서 마침내는 모두가 헛것이 된다.

천도시비 天道是非

하늘의 도는 옳은 지 그른 지 알 수 없다는 뜻. 하늘의 뜻이 과연 옳은지 그른지를 사람의 생각으로는 알 수 없음을 이르는 말.

*天 하늘 천
*道 도리 도
*是 옳을 시
*非 아닐 비

8-5.

자장이 떠나고자 함에 선생님에게 하직인사를 하며 "몸을 수양하는데 좋은 방법이 될 만한 한 마디 말씀을 내려 주시기를 바랍니다." 하자, 공자가 말하였다. "모든 행실의 근본은 참는 것이 으뜸이 된다." 자장이 말하기를, "참으면 어떻게 됩니까?" 하자, 공자가 말하였다. "천자가 참으면 나라에 해가 없고, 제후가 참으면 그 큰 업적을 이루며, 관리가 참으면 그 지위를 올리고, 형제들이 참으면 집안이 부귀해지고, 부부가 참으면 그 일생을 해로하고, 친구끼리 참으면 이름이 없어지지 않고, 자신이 참으면 재앙이 없다."

와신상담 臥薪嘗膽

땔감나무 위에 몸을 눕히고 쓸개를 맛봄. 원수를 갚거나 목표를 달성하기 위해 온갖 어려움과 괴로움을 참고 견딤을 이르는 말.

*臥 누울 와
*薪 땔감나무 신
*嘗 맛볼 상
*膽 쓸개 담

8-6.

자장이 말하였다. "참지 않으면 어떻게 됩니까?" 공자가 말하였다. "천자가 참지 않으면 나라가 공허하게 되고, 제후가 참지 않으면 그 몸을 잃고, 벼슬아치가 참지 않으면 형법에 의해 죽게 되고, 형제가 참지 않으면 각각 헤어져서 따로 살게 되고, 부부가 참지 않으면 자식이 외롭게 되고, 친구끼리 참지 않으면 우정이 깨지고, 자신이 참지 않으면 근심이 없어지지 않는다." 자장이 말하였다. "좋은 말씀이로다. 좋은 말씀이로다. 참는 것이 어렵군요, 참는 것이 어렵군요. 사람이 아니면 참지 못할 것이요, 참지 못하면 사람이 아닙니다."

은인자중 隱忍自重

마음속에 큰 뜻을 감추어 참고 견디면서 자기 몸가짐을 신중하게 함.

*隱 숨을 은
*忍 참을 인
*自 스스로 자
*重 무거울 중

8-4.

우 탁 생 진 노 개 인 리 불 통 휴 첨 심 상 화 지
愚濁生嗔怒는 皆因理不通이라 休添心上火하고 只
작 이 변 풍 장 단 가 가 유 염 량 처 처 동
作耳邊風하라 長短은 家家有요 炎涼은 處處同이라
시 비 무 실 상 구 경 총 성 공
是非無實相하여 究竟摠成空이니라.

8-5.

자 장 욕 행 사 어 부 자 원 사 일 언 위 수 신 지
子張이 欲行에 辭於夫子할새 願賜一言爲修身之
미 자 왈 백 행 지 본 인 지 위 상 자 장
美하노이다 子曰 百行之本이 忍之爲上이니라 子張
왈 하 위 인 지 자 왈 천 자 인 지 국 무 해 제
曰 何爲忍之닛고 子曰 天子忍之면 國無害하고 諸
후 인 지 성 기 대 관 리 인 지 진 기 위 형 제
侯忍之면 成其大하고 官吏忍之면 進其位하고 兄弟
인 지 가 부 귀 부 처 인 지 종 기 세 붕 우 인
忍之면 家富貴하고 夫妻忍之면 終其世하고 朋友忍
지 명 불 폐 자 신 인 지 무 화 해
之면 名不廢하고 自身忍之면 無禍害니라.

*子張: 공자孔子의 제자로서 성姓은 전손顓孫, 이름은 사師, 자는 자장子張.

*夫子: 공자의 존칭尊稱. 일반적으로 '스승님' 혹은 '선생님'의 뜻.

8-6.

자 장 왈 불 인 즉 여 하 자 왈 천 자 불 인 국 공
子張曰 不忍則如何닛고 子曰 天子不忍이면 國空
허 제 후 불 인 상 기 구 관 리 불 인 형
虛하고 諸侯不忍이면 喪其軀하고 官吏不忍이면 刑
법 주 형 제 불 인 각 분 거 부 처 불 인
法誅하고 兄弟不忍이면 各分居하고 夫妻不忍이면
영 자 고 붕 우 불 인 정 의 소 자 신 불 인
令子孤하고 朋友不忍이면 情意疎하고 自身不忍이면
환 부 제 자 장 왈 선 재 선 재 난 인 난 인 비
患不除니라 子張曰 善哉善哉라 難忍難忍이여 非
인 불 인 불 인 비 인
人不忍이요 不忍非人이로다.

*情意: 생각해 주는 마음. 내면의 배려심.

8-7.

굴기처중 屈己處重

자기를 굽혀서 중요한 자리에 있음. 겸손할 줄 알아야 중책을 맡을 수 있음.

*屈 굽힐 굴
*己 몸 기
*處 처할 처
*重 중요할 중

『경행록』에서 말하였다. "자기를 굽히는 자는 중요한 지위에 처할 수 있고, 이기는 것을 좋아하는 사람은 반드시 적을 만난다."

8-8.

앙천이타 仰天而唾

하늘을 바라보고 침을 뱉음. 남을 해치려다가 도리어 자기가 해를 입게 됨을 이르는 말.

*仰 우러를 앙
*天 하늘 천
*而 말 이을 이
*唾 침 뱉을 타

악한 사람이 착한 사람을 꾸짖거든 착한 사람은 모두 대꾸하지 마라. 대꾸하지 않는 사람은 마음이 맑고 한가롭지만, 꾸짖는 자는 입에 불이 붙은 것처럼 뜨겁게 끓는다. 정말로 마치 사람이 하늘에 침을 뱉으면 도로 자기 몸에 떨어지는 것과 같을 것이다.

8-9.

불필다언 不必多言

많은 말이 필요가 없음.

*不 아닐 불
*必 반드시 필
*多 많을 다
*言 말씀 언

내가 만약 남에게 욕설을 듣더라도 귀먹은 체하여 시비를 가리려 하지 마라. 비유하면, 불이 허공에서 타다가 끄지 않아도 저절로 꺼지는 것과 같다. 내 마음은 허공과 같거늘 너의 입술과 혀만 나불거리는 것이다.

8-10.

후덕재복 厚德載福

덕이 많은 사람은 복이 있음. 덕이 있는 사람은 자연스럽게 복을 받게 됨.

*厚 두터울 후
*德 덕 덕
*載 실을 재
*福 복 복

모든 일에 인정을 남기면 훗날 좋게 서로 보게 된다.

8-7.

경 행 록 운 굴 기 자 능 처 중 호 승 자 필 우
景行錄云 屈己者는 能處重하고 好勝者는 必遇
적
敵이니라.

*景行錄: <1-7> 참조.

해설 위 문장의 "好勝者, 必遇敵"은 『공자가어孔子家語』「관주제십일觀周第十一」에 나오는 말인데, 원문에는 "好勝者, 必遇其敵."으로 되어 있다.

8-8.

악 인 매 선 인 선 인 총 부 대 부 대 심 청
惡人이 罵善人커든 善人은 摠不對하라 不對는 心淸
한 매 자 구 열 비 정 여 인 타 천 환 종 기
閑이요 罵者는 口熱沸니라 正如人唾天하여 還從己
신 추
身墜니라.

*情意: 총總과 통용. '모두' 라는 뜻.

8-9.

아 약 피 인 매 양 롱 불 분 설 비 여 화 소 공
我若被人罵라도 佯聾不分說하라 譬如火燒空하여
불 구 자 연 멸 아 심 등 허 공 총 이 번 순
不救自然滅이라 我心은 等虛空이어늘 摠爾飜脣
설
舌이니라.

*飜: 뒤집었다 폈다 함.

8-10.

범 사 유 인 정 후 래 호 상 견
凡事에 留人情이면 後來에 好相見이니라.

*後來: 훗날. 나중에.

9 부지런히 공부하는 글

9-1.

자하가 말하였다. "널리 배워서 뜻을 독실히 하고, 간절하게 묻고 가까운 것에서부터 생각해 나간다면 인이 그 가운데 있다."

박학독지 博學篤志

널리 배우고 뜻을 돈독히 함. 폭넓게 배우면서도 자신의 뜻을 굳건히 지킴을 이르는 말.

*博 넓을 박
*學 배울 학
*篤 돈독할 독
*志 뜻 지

9-2.

장자가 말하였다. "사람이 배우지 않으면 하늘에 오르려는데 방법이 없는 것과 같고, 배워서 지혜가 원대해지면 높은 하늘에 있는 상서로운 구름을 헤치고 푸른 하늘을 보며 산에 올라 온 세상을 바라보는 것과 같다."

명지적견 明智的見

명확하게 알고 똑똑히 봄. 밝은 지혜와 현명한 판단을 내릴 수 있는 능력을 이르는 말.

*明 밝을 명
*智 슬기 지
*的 분명할 적
*見 볼 견

9-3.

『예기』에서 말하였다. "옥은 다듬지 않으면 훌륭한 물건을 만들 수 없고, 사람은 배우지 않으면 도를 알지 못한다."

절차탁마 切磋琢磨

옥이나 돌 따위를 갈고 닦아서 빛을 냄. 부지런히 학문과 덕행에 힘씀을 이르는 말.

*切 끊을 절
*磋 갈 차
*琢 옥 다듬을 탁
*磨 갈 마

9 근학편 勤學篇

9-1.

자하왈 박학이독지 절문이근사 인재기중 의
子夏曰 博學而篤志하고 切問而近思면 仁在其中矣니라.

*子夏(BC.507~BC.400): 공자의 제자로서 문학에 뛰어난 공문십철孔門十哲 중 한 사람. 성은 복卜, 이름은 상商, 자는 자하子夏.

*이 구절은『논어』「자장子張」편에 있는 내용과 같다.

9-2.

장자왈 인지불학 여등천이무술 학이지원 여피상운이도청천 등고산이망사해
莊子曰 人之不學은 如登天而無術하고 學而智遠이면 如披祥雲而覩靑天하고 登高山而望四海니라.

*莊子: <1-3> 참조.

*四海: 사방의 바다. 온 세상.

9-3.

예기왈 옥불탁 불성기 인불학 부지도
禮記曰 玉不琢이면 不成器하고 人不學이면 不知道니라.

해설 이 구절은『예기禮記』「학기學記」편에 있는 다음의 내용과 같다. "옥은 다듬지 않으면 그릇을 이루지 못하고, 사람은 배우지 않으면 도를 알지 못한다. 그러므로 옛날의 성왕聖王은 나라를 세우고 백성에게 임금 노릇할 때 학문과 교육을 우선으로 하였다."(玉不琢, 不成器, 人不學, 不知道, 是故, 古之王者, 建國君民, 敎學爲先.)

*禮記: 사서오경 중 하나로서 본래 공자가 편찬한 것으로 알려져 있으나, BC 2세기경 대대(大戴: 본명은 대덕戴德)와 그의 사촌 소대(小戴: 본명은 대성戴聖)가 원문原文에 주周나라 말기부터 진한秦漢 시대의 제도와 예법의 내용을 첨가하였음.『주례周禮』·『의례儀禮』와 함께 삼례三禮라고도 칭함.

9-4.

태공이 말하였다. "사람이 살면서 배우지 않으면 우매하기가 밤길을 가는 것과 같다."

무지몽매 無知蒙昧

아는 것이 없고 이치에 어두움. 지식이나 경험이 부족하여 옳고 그름을 제대로 판단하지 못함을 이르는 말.

*無 없을 무
*知 알 지
*蒙 어두울 몽
*昧 어두울 매

9-5.

한문공이 말하였다. "사람이 옛날과 오늘날의 일을 통달하지 못하면 말과 소에 옷을 입힌 것과 같다."

마우금거 馬牛襟裾

말이나 소에게 의복을 입힘. 학식이 없거나 예의를 모르는 사람을 조롱하는 말.

*馬 말 마
*牛 소 우
*襟 옷깃 금
*裾 옷자락 거

9-6.

주문공이 말하였다. "집이 만약 가난하더라도 가난 때문에 배우는 것을 포기하지 말고, 집이 만약 부유하더라도 부유한 것을 믿고 학문을 게을리해서는 안 된다. 가난하더라도 부지런히 배운다면 자신의 위치를 확고히 세울 수 있고, 부유한 자가 만약 부지런히 배운다면 이름이 곧 빛날 것이다. 오직 배운 자가 훌륭해지는 것은 보았으나 배운 사람이 성공하지 못하는 경우는 보지 못했다. 배움이란 곧 몸의 보배요, 배운 사람은 곧 세상의 보배이다. 그러므로 배우면 군자가 되고 배우지 않으면 소인이 되니, 훗날 배우는 자들은 마땅히 각기 힘써야 한다."

입신양명 立身揚名

출세하여 이름을 세상에 떨침.

*立 설 립(입)
*身 몸 신
*揚 드날릴 양
*名 이름 명

9-4.

태공왈 인생불학 명명여야행
太公曰 人生不學이면 **冥冥如夜行**이니라.

*太公: <1-4> 참조.

9-5.

한문공왈 인불통고금 마우이금거
韓文公曰 人不通古今이면 **馬牛而襟裾**니라.

*韓文公(768~824): 중국 당唐나라 덕종德宗 때의 학자로. 이름은 유愈, 자는 퇴지退之, 한퇴지韓退之로 널리 알려져 있음. 당송唐宋 팔대가八大家의 한 사람이며, 유명한 저작으로는 『창려선생집昌黎先生集』이 있음.

9-6.

주문공왈 가약빈 불가인빈이폐학 가약
朱文公曰 家若貧이라도 **不可因貧而廢學**이요 **家若**
부 불가시부이태학 빈약근학 가이립
富라도 **不可恃富而怠學**이니 **貧若勤學**이면 **可以立**
신 부약근학 명내광영 유견학자현
身이요 **富若勤學**이면 **名乃光榮**이니라. **惟見學者顯**
달 불견학자무성 학자 내신지보 학
達이요 **不見學者無成**이니라. **學者**는 **乃身之寶**요 **學**
자 내세지진 시고 학즉내위군자 불
者는 **乃世之珍**이니라. **是故**로 **學則乃爲君子**요 **不**
학즉위소인 후지학자 의각면지
學則爲小人이니 **後之學者**는 **宜各勉之**니라.

*朱文公: <7-10> 참조.

수세지재 需世之才

세상에 쓸모가 있어 등용할 만한 인재. 사회나 국가 발전에 필요한 능력을 갖춘 사람을 이르는 말.

*需 쓰일 수
*世 세상 세
*之 어조사 지
*才 재주 재

9-7.

휘종황제가 말하였다. "배운 사람은 낟알 같고 벼 같지만, 배우지 않은 사람은 쑥 같고 풀 같도다. 아아, 낟알 같고 벼 같음이여! 나라의 좋은 양식이요, 온 세상의 보배로다. 쑥 같고 풀 같음이여! 밭을 가는 자가 미워하고 김매는 자가 근심한다. 다른 날 담장에 얼굴을 맞대고 아무것도 보이지 않게 될 적에 배우지 않은 것을 뉘우친들 이미 늙었도다."

학여역수 學如逆水

배움은 마치 물을 거슬러 배를 젓는 것과 같음. 끊임없이 노력하지 않으면 뒤처지게 된다는 뜻.

*學 배울 학
*如 같을 여
*逆 거스를 역
*水 물 수

9-8.

『논어』에서 말하였다. "배움은 따라가지 못할 듯이 하고 오히려 배운 것을 잃을까 두려워해야 한다."

9-7.

휘 종 황 제 왈 학 자 여 화 여 도 불 학 자 여 호
徽宗皇帝曰 學者는 如禾如稻하고 不學者는 如蒿
여 초 여 화 여 도 혜 국 지 정 량 세 지 대 보
如草로다. 如禾如稻兮여 國之精糧이요 世之大寶
여 호 여 초 혜 경 자 증 혐 서 자 번 뇌 타
로다. 如蒿如草兮여 耕者憎嫌하고 鋤者煩惱니라 他
일 면 장 회 지 이 노
日面墻에 悔之已老로다.

*徽宗皇帝(1082~1135): 중국 북송北宋의 8대 황제로서 이름은 조길趙佶. 그림과 글씨에 재주가 있었으나, 인재 등용에 실패하여 결국 금金나라의 군대에게 죽임을 당함.

9-8.

논 어 왈 학 여 불 급 유 공 실 지
論語曰 學如不及이요 猶恐失之니라.

해설 이 구절은 『논어』 「태백泰伯」편에 있는 다음의 내용과 같다. 공자가 말하였다. "배움은 도달하지 못한 듯이 하고, 오히려 그것을 잃을까 두려워해야 한다."(子曰 學如不及, 猶恐失之.)

10 자식을 가르치는 글

10-1.

무교자우 無敎子愚

가르침이 없으면 자식이 어리석어짐.

*無 없을 무
*敎 가르칠 교
*子 아들 자
*愚 어리석을 우

『경행록』에서 말하였다 "손님이 오지 않으면 집안이 비속해지고, 『시경』과 『서경』을 가르치지 않으면 자손이 어리석어진다."

10-2.

이소성대 以小成大

작은 것으로써 큰 것을 이룸.

*以 써 이
*小 작을 소
*成 이룰 성
*大 클 대

장자가 말하였다. "일이 비록 작더라도 하지 않으면 이루지 못할 것이요, 자식이 비록 어질지라도 가르치지 않으면 현명하지 못할 것이다."

10-3.

교자채신 敎子採薪

자식에게 땔나무 구하는 법을 가르침. 무슨 일이든 장기적인 안목이 필요함을 이르는 말.

*採 캘 채
*薪 땔나무 신

『한서』에서 말하였다. "황금이 상자에 가득함이 자식에게 경서 하나를 가르치는 것만 같지 못하고, 자식에게 천금을 물려주는 것이 기술 한 가지를 가르치는 것만 못하다."

10 훈자편 訓子篇

10-1.

경 행 록 운 빈 객 불 래 문 호 속 시 서 무 교 자

景行錄云 賓客不來면 門户俗하고 詩書無敎면 子

손 우

孫愚니라.

*景行錄: <1-7> 참조.

10-2.

장 자 왈 사 수 소 부 작 불 성 자 수 현 불

莊子曰 事雖小나 不作이면 不成이요 子雖賢이나 不

교 불 명

敎면 不明이니라.

*莊子: <1-3> 참조.

10-3.

한 서 운 황 금 만 영 불 여 교 자 일 경 사 자 천 금

漢書云 黃金滿籯이 不如敎子一經이요 賜子千金이

불 여 교 자 일 예

不如敎子一藝니라.

*漢書: 중국 후한後漢의 역사가 반고班固가 저술한 기전체紀傳體의 역사서. 12제기帝紀·8표表·10지志, 70열전列傳으로 전 100권으로 이루어져 있다.『전한서前漢書』 또는『서한서西漢書』라고도 한다.『사기史記』와 더불어 중국 역사학의 대표적인 저작이다. 한 무제에서 끊긴 사마천의『사기』의 뒤를 이은 정사正史로 여겨지므로 '두 번째의 정사正史'라고도 부른다.

10-4.

지극한 즐거움은 글을 읽는 것 만한 것이 없고, 지극히 요긴한 것은 자식을 가르치는 것 만한 것이 없다.

10-5.

여형공이 말하였다. "안으로는 어진 부형이 없고, 밖으로 엄한 스승과 벗이 없으면서 성공할 수 있는 자는 드물다."

10-6.

태공이 말하였다. "남자아이가 교육의 기회를 잃으면 자라서 반드시 미련하고 어리석으며, 여자아이가 교육의 기회를 잃으면 자라서 반드시 거칠고 솜씨가 없게 된다."

10-7.

남자가 자라나거든 풍악이나 술을 익히지 말도록 하고, 여자가 자라나거든 놀러 다니지 말도록 하라.

개권유익 開卷有益

책을 펼치면 이로움이 있음. 독서의 중요성과 유용함을 이르는 말.

*開 열 개
*卷 책 권
*有 있을 유
*益 이로울 익

맹모삼천 孟母三遷

맹자의 어머니가 아들의 교육을 위해 세 번 이사함. 어머니의 교육열과 교육환경의 중요성을 이르는 말.

*孟 맏이 맹
*母 어미 모
*三 석 삼
*遷 옮길 천

만시지탄 晩時之歎

시기에 늦어 기회를 놓쳤음을 안타까워하는 탄식.

*晩 늦을 만
*時 때 시
*之 어조사 지
*歎 탄식할 탄

백년대계 百年大計

100년의 계획. 교육이나 국가정책 같은 장기적인 안목에서 세우는 큰 계획의 중요성의 이르는 말.

*百 일백 백
*年 해 년
*大 클 대
*計 계획 계

10-4.

지 락 막 여 독 서 지 요 막 여 교 자
至樂은 莫如讀書요 至要는 莫如教子니라.

10-5.

여 형 공 왈 내 무 현 부 형 외 무 엄 사 우 이 능 유
呂滎公曰 內無賢父兄하고 外無嚴師友요 而能有
성 자 선 의
成者 鮮矣니라.

*呂滎公(1039~1116): 중국 북송北宋의 학자 여희철呂希哲. 자는 원명原明, 호는 형양滎陽, 여공저呂公著의 아들. 일찍이 과거 시험은 포기하고 오로지 고학古學에만 전념했다.

10-6.

태 공 왈 남 자 실 교 장 필 완 우 녀 자 실 교 장
太公曰 男子失教면 長必頑愚하고 女子失教면 長
필 추 소
必麤疎니라.

*太公: <1-4> 참조.

10-7.

남 년 장 대 막 습 악 주 여 년 장 대 막 령 유
男年長大어든 莫習樂酒하고 女年長大어든 莫令遊
주
走하라.

10-8.

엄한 아버지는 효자를 길러내고, 엄한 어머니는 효녀를 길러낸다.

엄부자모 嚴父慈母

엄한 아버지와 자애로운 어머니. 아버지의 엄격한 가르침으로 강인한 성품이 길러지고, 어머니의 지극한 사랑으로 부드러운 성품이 길러짐을 이르는 말.

*嚴 엄할 엄
*父 아버지 부
*慈 사랑할 자
*母 어머니 모

10-9.

아이를 사랑하거든 매를 많이 치고, 아이를 미워하거든 먹을 것을 많이 주어라.

과정지훈 過庭之訓

집안 뜰에서의 가르침. 아버지가 자식에게 적당한 거리를 두고 가르침을 이르는 말.

*過 지날 과
*庭 뜰 정
*之 어조사 자
*訓 가르칠 훈

10-10.

남들은 모두 주옥을 사랑하지만, 나는 자손이 어진 것을 사랑할지니라.

면기지식 勉其祗植

공경하는 마음을 자기 몸에 심기에 힘씀. 모범이 될 만한 것을 자손에 물려주어야 좋은 가정을 이룰 수 있음을 이르는 말.

*勉 힘쓸 면
*其 그 기
*祗 공경할 지
*植 심을 식

10-8.

엄 부 　 출 효 자 　 엄 모 　 출 효 녀

嚴父는 出孝子요 嚴母는 出孝女니라.

*孝子: <4-6> 해설 참조.

10-9.

연 아 　 다 여 봉 　 증 아 　 다 여 식

憐兒어든 多與棒하고 憎兒어든 多與食하라.

10-10.

인 개 애 주 옥 　 아 애 자 손 현

人皆愛珠玉이나 我愛子孫賢이니라.

*珠玉: 값진 보석.

11 마음을 살피는 글(상)

11-1.

충효양전 忠孝兩全

충성과 효도를 겸하여 갖춤.

*忠 충성 충
*孝 효도 효
*兩 둘 양
*全 온전할 전

『경행록』에서 말하였다. "보물과 재물은 쓰면 다함이 있고, 충성과 효성은 누려도 다함이 없다."

11-2.

사친이효 事親以孝

효도로써 부모를 섬김. 신라시대 화랑이 지켜야 할 세속오계世俗五戒 중 하나.

*事 섬길 사
*親 어버이 친
*以 써 이

집안이 화목하면 가난해도 좋거니와 의롭지 않다면 부유한들 무엇하랴. 다만 한 자식이라도 효도하는 자를 둘 것이니 자손이 많은들 어디에 쓰겠는가?"

11-3.

세리지교 勢利之交

권세와 이익으로 맺어진 인간관계. 힘이나 이익이 있을 때만 유지되는 속물적인 관계를 이르는 말.

*勢 권세 세
*利 이로울 리
*之 어조사 지
*交 사귈 교

아버지가 마음에 근심하지 않음은 자식이 효도하기 때문이요, 남편이 번뇌가 없음은 아내가 어질기 때문이다. 말이 많아지고 말을 실수함은 술 때문이요, 의리가 끊어지고 친한 사람이 소원해짐은 단지 돈 때문이다.

11 성심편(상) 省心篇(上)

11-1.

경 행 록 운 보 화 용 지 유 진 충 효 향 지 무 궁

景行錄云 寶貨는 用之有盡이요 忠孝는 享之無窮이니라.

*景行錄: <1-7> 참조.

11-2.

가 화 빈 야 호 불 의 부 여 하 단 존 일 자 효 하

家和貧也好어니와 不義富如何오 但存一子孝니 何

용 자 손 다

用子孫多리오.

*世俗五戒: 신라시대 원광법사圓光法師가 사량부沙梁部에 사는 귀산貴山과 추항箒項에게 가르친 것에서 비롯되었다고 전해지는 화랑이 지켜야 할 5가지 계율.[사군이충事君以忠, 사친이효事親以孝, 교우이신交友以信, 임전무퇴臨戰無退, 살생유택殺生有擇] 화랑오계花郞五戒라고도 함.

11-3.

부 불 우 심 인 자 효 부 무 번 뇌 시 처 현 언 다 어

父不憂心因子孝요 夫無煩惱是妻賢이라 言多語

실 개 인 주 의 단 친 소 지 위 전

失皆因酒요 義斷親疏只爲錢이니라.

11-4.

이미 특별한 즐거움을 얻었다면 모름지기 뜻밖의 근심을 대비해야 한다.

낙생어우 樂生於憂

즐거움은 언제나 걱정하는 데서 나옴. 편안함과 즐거움은 어려움과 고난을 극복하고 노력한 후에 얻어짐을 이르는 말.

*樂 즐거울 락(낙)
*生 날 생
*於 어조사 어
*憂 근심 우

11-5.

총애를 얻거든 욕됨을 생각하고, 편안함에 거하거든 위태함을 생각하라.

거안사위 居安思危

평안할 때에도 위험과 곤란이 닥칠 것을 생각하며 잊지 말고 미리 대비해야 함.

*居 살 거
*安 편안할 안
*思 생각 사
*危 위태할 위

11-6.

영화로움이 적으면 욕됨이 적고, 이익이 많으면 해로움도 깊다.

영고성쇠 榮枯盛衰

인생이나 사물의 번성함과 쇠락함이 서로 바뀜. 세상의 모든 것이 흥망성쇠가 있음을 이르는 말.

*榮 영화로울 영
*枯 마를 고
*盛 성할 성
*衰 쇠할 쇠

11-4.

기 취 비 상 락 수 방 불 측 우
旣取非常樂이어든 須防不測憂니라.

*非常: 일반적이지 않음.

11-5.

득 총 사 욕 거 안 여 위
得寵思辱하고 居安慮危니라.

해설 위 문장의 "居安慮危"는 『춘추좌전春秋左傳』「양공襄公」11년에 나오는 말인데, 원문에는 "거안사위居安思危"로 되어 있다.

11-6.

영 경 욕 천 이 중 해 심
榮輕辱淺하고 利重害深이니라.

11-7.

너무 아끼면 반드시 심하게 허비할 것이요, 너무 칭찬 받으면 반드시 심한 헐뜯음을 받게 된다. 너무 기뻐하면 반드시 심히 근심하게 되고, 너무 숨기면 반드시 심히 잃는다.

흥진비래 興盡悲來

즐거움이 다하면 슬픔이 옴. 좋은 일이 다하면 어려운 일이 생김을 이르는 말.

*興 흥겨울 흥
*盡 다할 진
*悲 슬플 비
*來 올 래

11-8.

공자가 말하였다. "높은 낭떠러지를 보지 않으면 어찌 엎어져 떨어지는 환란을 알 것이며, 깊은 샘에 임하지 않으면 어찌 몸이 빠져 죽는 환란을 알 것이며, 큰 바다를 보지 않으면 어찌 풍파의 환란을 알겠는가?"

여리박빙 如履薄氷

살얼음을 밟는 것과 같음. 아슬아슬하고 위험한 일을 비유적으로 이르는 말.

*如 같을 여
*履 밟을 리(이)
*薄 엷을 박
*氷 얼음 빙

11-9.

미래를 알고자 한다면, 먼저 지나간 일을 살펴라.

인과응보 因果應報

원인과 결과가 서로 대응하여 보답함. 자기가 행한 대로 언젠가는 그 대가를 받는다는 뜻의 불교용어인 카르마Karma를 이르는 말.

*因 원인 인
*果 결과 과
*應 응할 응
*報 갚을 보

11-7.

심 애 필 심 비 심 예 필 심 훼 심 희 필 심 우 심 장
甚愛必甚費요 **甚譽必甚毁**요 **甚喜必甚憂**요 **甚藏**
필 심 망
必甚亡이라.

*甚: 너무. 심히.

해설 『명심보감』의 초간본初刊本[청주본淸州本]에는 '甚贓(뇌물 장, 감출 장)'으로 되어 있으나, 여기에서는 의미를 분명히 하기 위해 '甚藏'으로 정함.

11-8.

자 왈 불 관 고 애 하 이 지 전 추 지 환 불 임 심 천
子曰 不觀高崖면 **何以知顚墜之患**이며 **不臨深泉**
하 이 지 몰 익 지 환 불 관 거 해 하 이 지 풍 파
이면 **何以知沒溺之患**이며 **不觀巨海**면 **何以知風波**
지 환
之患이리오.

*子曰: <1-1> 참조.

해설 위 문장은 『공자가어孔子家語』「곤서제이십이困誓第二十二」에 나온다.

11-9.

욕 지 미 래 선 찰 이 연
欲知未來인대 **先察已然**이니라.

*Karma: 산스크리트어에서 유래된 말로서 흔히 업業 혹은 업보業報라고 말함. 인도종교와 불교철학에서 주로 사용되며, 인간의 어떤 선악의 행위가 원인이 되어 개인의 미래에 결과적으로 영향을 미치는 인과법칙因果法則을 뜻함.

11-10.

박고지금 博古知今

널리 옛일을 알면 오늘날의 일도 알게 됨.

*博 넓을 박
*古 옛 고
*知 알 지
*今 이제 금

공자가 말하였다. "밝은 거울은 얼굴을 살피는 수단이요, 지나간 일은 오늘을 아는 방법이다."

11-11.

세사난측 世事難測

세상의 일은 변화가 심하여 미리 예측하기 어려움.

*世 세상 세
*事 일 사
*難 어려울 난
*測 헤아릴 측

지나간 일은 밝기가 거울과 같고, 미래의 일은 어둡기가 칠흑과 같다.

11-12.

전화위복 轉禍爲福

재앙이 바뀌어 복이 됨. 불행한 일을 겪더라도 끈기 있는 노력과 강한 의지로 극복하여 오히려 좋은 결과를 얻을 수 있음을 이르는 말.

*轉 바꿀 전
*禍 재앙 화
*爲 될 위
*福 복 복

『경행록』에서 말하였다. "내일 아침의 일을 저녁때에 기필하지 못하고, 저녁때의 일을 포시에 기필하지 못한다."

11-10.

자왈 명경 소이찰형 왕고 소이지금

子曰 明鏡은 所以察形이요 往古는 所以知今이니라.

해설 위 문장은 『삼국지三國志』「오지吳志·오주오자전吳主五子傳」에 나오는 "明鏡, 所以照形, 古事, 所以知今."이란 구절과 비슷하다.

*子曰: <1-1> 참조.

11-11.

과거사 명여경 미래사 암사칠

過去事는 明如鏡이요 未來事는 暗似漆이니라.

11-12.

경행록운 명조지사 박모 불가필 박모지 사 포시 불가필

景行錄云 明朝之事를 薄暮에 不可必이요 薄暮之事를 晡時에 不可必이니라.

*景行錄: <1-7> 참조.

*明朝: 내일 아침. 明日之朝의 줄임말.

*必: 꼭 이루기를 기약하거나 확정을 지음. 기필期必

*薄暮: 땅거미가 질 무렵. 해 질 녘.

*晡時: 오후 4시 경을 뜻하는 신시申時(오후 3~5시).

11-13.

새옹지마 塞翁之馬

변방 지역에 사는 늙은이의 말. 인생의 길흉화복은 변화가 많아서 예측하기가 어려움을 이르는 말.

*塞 변방 새
*翁 늙은이 옹
*之 어조사 지
*馬 말 마

하늘에는 예측 못하는 비바람이 있고, 사람은 아침저녁으로 화복이 있다.

11-14.

오리무중 五里霧中

5리의 거리를 덮은 안개 속. 짙은 안개 속에서는 방향을 알 수 없듯이 상황 파악이 어려움을 비유적으로 이르는 말.

*五 다섯 오
*里 마을 리
*霧 안개 무
*中 가운데 중

석 자 되는 흙속으로 돌아가지 않고서는 백년의 몸을 보전하기 어렵고, 이미 석 자 되는 흙속으로 돌아가서는 100년 동안 무덤을 보전하기 어렵다.

11-15.

물유본말 物有本末

만물에는 근본과 말단이 있음. 모든 일에는 근본이 되는 부분과 그곳에서 파생된 부분이 있음을 이르는 말.

*物 만물 물
*有 있을 유
*本 근본 본
*末 끝 말

『경행록』에서 말하였다. "나무가 기르는 바가 있으면 뿌리가 견고하고 가지와 잎이 무성하여져 동량의 재목을 이루고, 물이 기르는 바가 있으면 샘의 근원이 세차고 물줄기가 길어서 관개의 이익이 넓고, 사람이 기르는 바가 있으면 지기志氣가 커지고 식견이 밝아져 충의의 선비가 나오니, 기르지 않을 수 있겠는가?"

11-13.

천 유 불 측 풍 우　　인 유 조 석 화 복
天有不測風雨하고 人有朝夕禍福이니라.

*天: 예측할 수 없는 현상과 우연성이 있는 자연계.
*人: 인간 세상.

11-14.

미 귀 삼 척 토　　난 보 백 년 신　　이 귀 삼 척 토
未歸三尺土하여는 難保百年身이요 已歸三尺土하여는
난 보 백 년 분
難保百年墳이니라.

*三尺土: 무덤.
*百年身: 많이 살아야 1백 년 동안 사는 목숨을 뜻함.

11-15.

경 행 록 운　목 유 소 양　　즉 근 본 고 이 지 엽 무
景行錄云 木有所養이면 則根本固而枝葉茂하여
동 량 지 재 성　　수 유 소 양　　즉 천 원 장 이 유 파
棟樑之材成하고 水有所養이면 則泉源壯而流派
장　관 개 지 이 박　　인 유 소 양　　즉 지 기 대 이
長하여 灌漑之利博하고 人有所養이면 則志氣大而
식 견 명　충 의 지 사 출　　가 불 양 재
識見明하여 忠義之士出이니 可不養哉아.

*景行錄: <1-7> 참조.
*棟樑: 용마루와 대들보에 쓸만한 큰 나무.
*灌漑: 농사를 짓는 데에 필요한 물을 공급하는 일.

11-16.

오월동주 吳越同舟

오나라 사람과 월나라 사람이 같은 배를 탐. 사이가 나쁜 원수지간이라 해도 이해관계가 맞아 떨어지면 얼마든지 힘을 합쳐 난관을 극복할 수 있음을 비유적으로 이르는 말.

*吳 나라이름 오
*越 나라이름 월
*同 같을 동
*舟 배 주

스스로 믿는 자는 남도 또한 자기를 믿어서 오나라와 월나라와 같은 적국 사이라도 형제와 같이 될 수 있고, 스스로를 의심하는 자는 남도 또한 자기를 의심하여 자기 외에는 모두 적국이 된다.

11-17.

사인물의 使人勿疑

일단 사람을 썼으면 그 사람을 의심하지 말아야 함.

*使 부릴 사
*人 사람 인
*勿 말 물
*疑 의심할 의

사람을 의심하거든 쓰지 말고, 사람을 쓰거든 의심하지 마라.

11-18.

표리부동 表裏不同

겉과 속이 같지 않음. 겉으로는 좋은 체 하지만 속으로는 그렇지 않은 경우를 이르는 말.

*表 겉 표
*裏 속 리(이)
*不 아닐 부
*同 같을 동

『풍간』에서 말하였다. "물 바닥의 고기와 하늘가의 기러기는 하늘 높이 뜬 것은 쏘아 잡고 낮게 물속에 있는 것은 낚아 잡을 수 있지만, 오직 사람의 마음은 지척 간에 있음에도 이 지척 간에 있는 마음은 헤아릴 수 없다."

11-16.

자 신 자　인 역 신 지　오 월　개 형 제　자 의 자
自信者는 人亦信之하여 吳越이 皆兄弟요 自疑者는

인 역 의 지　신 외　개 적 국
人亦疑之하여 身外에 皆敵國이니라.

*吳越: 춘추전국시대의 오吳나라와 월越나라를 가리키는 말로서 양국이 오랫동안 전쟁했던 일 때문에 서로 적대적인 뜻을 품는 상대를 가리키는 말.

11-17.

의 인 막 용　용 인 물 의
疑人莫用하고 用人勿疑니라.

11-18.

풍 간 운　수 저 어 천 변 안　고 가 사 혜 저 가 조
諷諫云 水底魚天邊雁은 高可射兮低可釣어니와

유 유 인 심 지 척 간　지 척 인 심 불 가 료
惟有人心咫尺間에 咫尺人心不可料니라.

*諷諫: 한韓나라의 위맹韋孟이 임금의 잘못을 풍자한 시詩. 자세한 내용은 전해지지 않음.

*咫尺: 아주 가까운 거리.

11-19.

범을 그리되 가죽은 그릴 수 있으나 뼈는 그리기 어렵고, 사람을 알되 얼굴은 알지만 마음은 알지 못한다.

화호난골 畵虎難骨

범의 겉모습은 그릴 수 있지만 범의 뼈는 그리기 어려움. 사람의 겉모습은 알 수 있어도 그 속마음을 알기는 어려움을 비유적으로 이르는 말.

*畵 그릴 화
*虎 범 호
*難 어려울 난(란)
*骨 뼈 골

11-20.

얼굴을 맞대고 함께 이야기는 하지만, 마음은 천산을 떨어져 있다.

내소외친 內疏外親

겉으로는 친한 체하면서 속으로는 멀리함.

*內 안 내
*疏 멀 소
*外 바깥 외
*親 친할 친

11-21.

바다는 마르면 마침내 바닥을 볼 수 있으나, 사람은 죽어도 그 마음을 알지 못한다.

인심난측 人心難測

사람의 마음은 예측하기 어려움. 열 길 물 속은 알아도 한 길 사람 속은 모른다는 뜻.

*人 사람 인
*心 마음 심
*難 어려울 난(란)
*測 헤아릴 측

11-19.

書虎書皮難書骨(화호화피난화골)이요 知人知面不知心(지인지면부지심)이니라.

해설 위 문장은 『증광현문增廣賢文』에 나오는 "畵龍畵虎皮難畵骨, 知人知面不知心."이란 구절과 비슷하다. 『증광현문』은 중국 명明나라 시기에 편찬된 아동계몽서인데, 성현聖賢의 명언이나 속담을 모은 책으로 『명심보감』, 『채근담』과 함께 중국의 3대 격언집格言集으로 손꼽힌다.

11-20.

對面共話(대면공화)하되 心隔千山(심격천산)이니라.

*千山: 수많은 산이 겹겹이 있는 것처럼 멀다는 뜻.

11-21.

海枯終見底(해고종견저)나 人死不知心(인사부지심)이니라.

*見: '보이다'는 뜻으로 해석하면 '현現'의 뜻이므로 '견'이 아니라 '현'으로 읽어야 함.

11-22.

태공이 말하였다. "무릇 사람은 앞질러 점칠 수 없고, 바닷물은 말로 헤아릴 수 없다."

이지측해 以指測海

손가락으로 바다의 깊이를 잼. 매우 어리석음을 이르는 말.

*以 써 이
*指 손가락 지
*測 헤아릴 측
*海 바다 해

11-23.

『경행록』에서 말하였다. "남과 원수를 맺는 것은 재앙의 씨를 심는 것이라 하고, 선한 것을 버리고 선한 일을 하지 않는 것은 스스로를 해치는 것이라 한다."

불구대천 不俱戴天

하늘을 함께 머리에 이지 못함. 같은 세상에서 살 수 없을 만큼 큰 원한이 있음을 비유적으로 이르는 말.

*不 아닐 불
*俱 함께 구
*戴 머리에 일 대
*天 하늘 천

11-24.

만약 한 편의 말만 들으면 곧 서로 이별함을 보게 된다.

편신즉암 偏信則暗

한쪽으로 치우친 말만 믿으면 아둔해짐. 한쪽 말만 듣고 다른 의견을 무시하면 잘못된 판단을 하게 됨을 이르는 말.

*偏 치우칠 편
*信 믿을 신
*則 곧 즉
*暗 어두울 암

11-22.

태공왈 범인 불가역상 해수 불가두량
太公曰 凡人은 不可逆相이요 海水는 不可斗量이니라.

*太公: <1-4> 참조.
*逆: 미리. 사전에. 미리 억측臆測한다는 뜻.
*斗: 액체를 풀 때 사용하는 기구. 말(용량의 단위)

11-23.

경행록운 결원어인 위지종화 사선불위
景行錄云 結怨於人을 謂之種禍요 捨善不爲를
위지자적
謂之自賊이라.

*景行錄: <1-7> 참조.

11-24.

약청일면설 변견상이별
若聽一面說이면 便見相離別이니라.

*一面: 한쪽 면面. 일방一方.

11-25.

배부르고 따뜻하면 음욕을 생각하고, 굶주리고 추우면 도심을 발한다.

청빈낙도 淸貧樂道

청렴결백하고 가난하게 사는 것을 옳은 것으로 여기고 즐김.

*淸 맑을 청
*貧 가난할 빈
*樂 즐길 낙(락)
*道 길 도

11-26.

소광이 말하였다. "어진 사람이 재물이 많으면 그 뜻을 손상하고, 어리석은 사람이 재물이 많으면 허물을 더한다."

덕본재말 德本財末

덕이 근본이고 재물은 말단. 사람이 살아가는 데에는 재물보다 덕이 훨씬 중요함을 이르는 말.

*德 덕 덕
*本 근본 본
*財 재물 재
*末 끝 말

11-27.

사람이 가난하면 지혜가 짧아지고, 복이 이르면 마음이 영통해진다.

복지심령 福至心靈

복을 받은 사람은 지혜도 밝아지고 마음도 너그러워짐. 사람이 행복해지면 마음도 밝아지고 영특해짐을 이르는 말.

*福 복 복
*至 이를 지
*心 마음 심
*靈 심령 령

11-25.

포 난 　사 음 욕 　기 한 　발 도 심

飽煖엔 思淫慾하고 飢寒엔 發道心이니라.

*淫慾: 음탕淫蕩한 욕구.

*道心: 도덕적인 마음. 도리道理를 생각하는 마음.

11-26.

소 광 왈 　현 이 다 재 즉 손 기 지 　우 이 다 재 즉 익 기

疏廣曰 賢而多財則損其志하고 愚而多財則益其

과

過니라.

*疏廣: 한漢나라 때 사람이며, 자字는 중옹仲翁.

11-27.

인 빈 지 단 　복 지 심 령

人貧智短하고 福至心靈이니라.

*通: 신령스럽게 이치에 통달함. 영통靈通이라고도 함.

11-28.

한 가지 일을 겪지 않으면, 한 가지 지혜를 자라게 할 수 없다.

연마장양 研磨長養

갈고 닦으며 오래도록 준비함.

*研 갈 연
*磨 갈 마
*長 길 장
*養 기를 양

11-29.

시비 거리가 종일토록 있을지라도, 듣지 않으면 자연히 없어진다.

시시비비 是是非非

옳고 그름을 따지며 다툼.

*是 옳을 시
*非 아닐 비

11-30.

와서 시비에 대해 말하는 자가 곧 시비를 거는 사람이다.

시비지심 是非之心

옳고 그름을 판단하는 마음. 맹자가 말한 사단四端 중 하나로서 도덕적 판단 능력을 가리킴.

*之 어조사 지
*心 마음 심

11-31.

『격양시』에서 말하였다. “평생에 눈썹 찡그릴 일을 하지 않으면 세상에 이를 갈 사람이 없을 것이다. 큰 명성을 어찌 딱딱한 돌에 새길 것인가. 길에 가는 행인의 입이 비석보다 낫다.”

유구개비 有口皆碑

입만 있으면 모두 비석처럼 칭찬함. 어떤 사람의 훌륭한 업적에 대한 그 칭송이 마치 죽은 사람을 위해 세운 비석처럼 오래도록 지워지지 않고 널리 퍼져가는 모습을 비유적으로 이르는 말.

*有 있을 유
*口 입 구
*皆 모두 개
*碑 비석 비

11-28.

불경일사　부장일지
不經一事면 不長一智니라.

*經: 통과함. 일을 겪음.

11-29.

시비종일유　불청자연무
是非終日有라도 不聽自然無니라.

해설 위 문장은 『증광현문』에 나오는 "是非朝朝有, 不聽自然無."란 구절과 비슷하다.

11-30

내설시비자　변시시비인
來說是非者는 便是是非人이니라.

*便: '편리하다'는 뜻으로 사용될 때는 '편', '똥오줌'이나 '곧'이란 뜻으로 사용될 때는 '변'으로 읽음.

11-31.

격양시운　평생　부작추미사　세상　응무절
擊壤詩云 平生에 不作皺眉事면 世上에 應無切

치인　대명　기유전완석　노상행인　구승
齒人이라 大名을 豈有鐫頑石가 路上行人이 口勝

비
碑니라.

*擊壤: <7-2> 참조.

*鐫頑石: 딱딱한 돌에 글씨를 새김.

암향부동 暗香浮動

그윽한 향기가 은은히 떠돎. 눈에 보이지도 맛으로 느껴지지도 않는 향기가 은은하게 퍼짐을 비유적으로 이르는 말.

*暗 어두울 암
*香 향기 향
*浮 뜰 부
*動 움직일 동

11-32.

사향이 있으면 자연히 향기로울 것이니, 어찌 반드시 바람을 향하여 서겠는가?

탐권낙세 貪權樂勢

권세를 탐하고, 세도 부리기를 즐김. 권력이나 세력을 탐내고 그것을 이용하여 자신의 이익을 추구하며 과시하는 행위를 비판하는 말.

*貪 탐할 탐
*權 권세 권
*樂 즐길 낙(락)
*勢 기세 세

11-33.

복이 있어도 다 누리지 마라 복이 다하면 몸이 빈궁해질 것이요, 권세가 있어도 다 부리지 마라 권세가 다하면 원수와 서로 만난다. 복이 있거든 항상 스스로 아끼고, 권세가 있거든 항상 스스로 공손하라. 인생에 교만과 사치는 시작은 있으나 대부분 좋은 끝마침이 없다.

삼마태수 三馬太守

세 마리의 말을 타고 오는 수령. 재물에 욕심이 없는 청렴한 관리를 비유적으로 이르는 말.

*三 석 삼
*馬 말 마
*太 클 태
*守 지킬 수

11-34.

『왕참정사류명』에서 말하였다. "넘치는 재주를 다 쓰지 말고 남겼다가 조물주에게 돌려주고, 넘치는 봉록을 다 쓰지 말고 남겼다가 조정에 돌려주고, 넘치는 재물을 다 쓰지 말고 남겼다가 백성에게 돌려주며, 넘치는 복을 다 쓰지 말고 남겼다가 자손에게 돌려주어라."

11-32.

유 사 자 연 향 하 필 당 풍 립
有麝自然香이니 何必當風立고.

*麝香deer musk: 사향노루 수컷의 향낭(사향 샘)에서 얻는 분비물을 건조한 약재로서 생약生藥의 일종. 사향은 강한 향기를 가지고 있어서 전통적으로 향수의 소재로 사용되었음.

11-33.

유 복 막 향 진 복 진 신 빈 궁 유 세 막 사 진
有福莫享盡하라 福盡身貧窮이요 有勢莫使盡하라
세 진 원 상 봉 복 혜 상 자 석 세 혜 상 자 공
勢盡寃相逢이니라 福兮常自惜하고 勢兮常自恭하라
인 생 교 여 치 유 시 다 무 종
人生驕與侈는 有始多無終이니라.

11-34.

왕 참 정 사 유 명 왈 유 유 여 부 진 지 교 이 환 조 물
王參政四留銘曰 留有餘不盡之巧하여 以還造物
유 유 여 부 진 지 록 이 환 조 정 유 유 여 부
하고 留有餘不盡之祿하여 以還朝廷하고 留有餘不
진 지 재 이 환 백 성 유 유 여 부 진 지 복 이
盡之財하여 以還百姓하고 留有餘不盡之福하여 以
환 자 손
還子孫이니라.

*王參政: 북송北宋 진종眞宗 때의 명재상名宰相이며, 이름은 단旦, 참정參政은 벼슬 이름.

*四留銘: 4가지 남길 것을 마음에 새기는 글.

*祿: 벼슬아치에게 1년 혹은 계절 단위로 월급처럼 주던 쌀, 보리, 명주明紬, 베, 돈 따위 금품을 통틀어 이르는 말. 봉록俸祿이라고도 함.

11-35.

일언천금 一言千金

한 마디의 말이 천금의 가치가 있음.

*一 한 일
*言 말씀 언
*千 일천 천
*金 돈 금

황금 천 냥이 귀한 것이 아니라 사람에게 좋은 말 한마디를 얻는 것이 천금보다 낫다.

11-36.

고진감래 苦盡甘來

고생 끝에 즐거움이 옴. 최선의 노력을 다하면 반드시 그 결실이 있음을 표현한 말.

*苦 쓸 고
*盡 다할 진
*甘 달 감
*來 올 래(내)

재주 있는 사람은 재주 없는 사람의 노예요, 괴로움은 즐거움의 어머니이다.

11-37.

동고동락 同苦同樂

괴로움도 즐거움도 함께 함.

*同 한 가지 동
*樂 즐길 락(낙)

작은 배는 무거운 짐을 견디기 어렵고, 으슥한 길은 혼자 다니기에 마땅하지 않다.

11-38.

욕기지락 浴沂之樂

기수沂水에서 목욕하는 즐거움, 세상의 부귀영화를 잊어버리고 즐겁게 사는 삶을 이르는 말.

*浴 목욕할 욕
*沂 물 이름 기
*之 어조사 지

황금이 귀한 것이 아니요, 안락이 돈보다 값어치가 많다.

11-35.

황금천량 미위귀 득인일어 승천금
黃金千兩이 未爲貴요 得人一語가 勝千金이니라.

*千金: 매우 많은 돈.

11-36.

교자 졸지노 고자 낙지모
巧者는 拙之奴요 苦者는 樂之母니라.

11-37.

소선 난감중재 심경 불의독행
小船은 難堪重載요 深逕은 不宜獨行이니라.

11-38.

황금 미시귀 안락 치전다
黃金이 未是貴요 安樂이 値錢多니라.

해설 沂水는 『논어』 「선진先進」편에 나오는 물 이름이다. 공자가 제자들에게 각자의 포부를 물었을 때, 증점曾點이 기수에서 목욕하고 무우舞雩에서 바람을 쐬며 노래 부르는 삶을 이야기하자 공자가 칭찬하며 감탄했다. 여기에서 공자가 생각하는 이상적인 삶의 모습과 정치관을 엿볼 수 있다. '무우에서 바람을 쐬다'는 뜻의 풍호무우風乎舞雩라는 말도 비슷한 의미로 사용된다.

11-39.

집에 있을 때 손님을 맞아 대접할 줄 모르면, 밖에 나가서야 바야흐로 주인이 적은 줄을 안다.

객인환대 客人歡待

손님을 반갑게 맞이하여 정성껏 대접함.

*客 손님 객
*人 사람 인
*歡 기쁠 환
*待 기다릴 대

11-40.

가난하면 번화한 시장거리에 살아도 서로 아는 사람이 없고, 부유하면 깊은 산 중에 살아도 먼 곳에서 오는 친구가 있다.

세태염량 世態炎涼

뜨겁고 차가운 세태. 세력이 있을 때는 아첨하여 따르다가 세력이 없어지면 푸대접하는 세상인심을 비유적으로 이르는 말.

*世 세상 세
*態 모습 태
*炎 불꽃 염
*涼 서늘할 량(양)

11-41.

사람의 의리는 모두 가난으로 인해 끊어지고, 세상의 인정은 곧 돈 있는 집으로 향한다.

전가통신 錢可通神

돈은 귀신과도 통할 수 있음. 돈만 있으면 못할 일이 없는 세태를 비판하며 풍자하는 표현.

*錢 돈 전
*可 가능할 가
*通 통할 통
*神 귀신 신

11-42.

차라리 밑 빠진 항아리는 막을지언정, 코 아래 가로놓인 입은 막기 어렵다.

화종구생 禍從口生

재앙은 입으로부터 나옴. 말을 삼가야 함을 이르는 말.

*禍 재앙 화
*從 좇을 종
*口 입 구
*生 날 생

11-39.

재가 불회요빈객 출외 방지소주인

在家에 不會邀賓客이면 出外에 方知少主人이니라.

*主人: 손님이 방문하는 그 집의 주인.

11-40.

빈거요시무상식 부주심산유원친

貧居鬧市無相識이요 富住深山有遠親이니라.

*鬧: 시끄럽고 소란함.

11-41.

인의 진종빈처단 세정 변향유전가

人義는 盡從貧處斷이요 世情은 便向有錢家니라.

11-42.

영색무저항 난색비하횡

寧塞無底缸이언정 難塞鼻下横이니라.

*鼻下横: '코 아래 가로'라는 뜻으로 '입 구口'를 가리키는 말로 사용됨.

11-43.

사람의 정은 모두 군색한 가운데서 멀어지게 된다.

인지상정 人之常情

사람이면 누구나 가지는 보통의 마음. 사람들의 보편적인 느낌이나 생각을 이르는 말.

*人 사람 인
*之 어조사 지
*常 항상 상
*情 뜻 정

11-44.

『사기』에서 말하였다. "하늘에 제사를 지내고 사당에 제례 올림에도 술이 아니면 제물을 올리지 못할 것이요, 임금과 신하 그리고 벗과 벗 사이에도 술이 아니면 의리가 두터워지지 않을 것이요, 싸움을 하고 서로 화해함에도 술이 아니면 권하지 못할 것이다. 그러므로 술에 성공과 실패가 있으니 함부로 마셔서는 안 된다."

배주해원 杯酒解怨

서로 술잔을 나누고 있는 사이에 묵은 원한을 잊어버림. 술을 마시면서 서로의 감정을 풀고 화해하는 상황을 이르는 말.

*杯 잔 배
*酒 술 주
*解 풀 해
*怨 원망할 원

11-45.

공자가 말하였다. "선비가 도에 뜻을 두면서 나쁜 옷과 나쁜 음식을 부끄러워하는 자와는 서로 더불어 의논할 수 없다."

악의악식 惡衣惡食

너절하고 조잡한 옷을 입고 맛없는 음식을 먹음. 또는 그 옷이나 음식.

*惡 나쁠 악
*衣 옷 의
*食 밥 식

11-43.

인 정 개 위 군 중 소
人情은 皆爲窘中疎니라.

*窘: 필요한 것이 없거나 부족한 상태. 궁색窮塞. 군색窘塞.

11-44.

사 기 왈 교 천 예 묘 비 주 불 향 군 신 붕 우 비
史記曰 郊天禮廟는 非酒不享이요 君臣朋友는 非
주 불 의 투 쟁 상 화 비 주 불 권 고 주 유 성
酒不義요 鬪爭相和는 非酒不勸이라 故로 酒有成
패 이 불 가 범 음 지
敗而不可泛飮之니라.

*史記: 중국 전한前漢의 역사가 사마천司馬遷(BC.145? ~BC.86?)이 지은 역사책으로서 중국 이십오사二十五史의 하나.

11-45.

자 왈 사 지 어 도 이 치 악 의 악 식 자 미 족 여 의 야
子曰 士志於道而恥惡衣惡食者는 未足與議也니라.

해설 『논어』「리인里仁」편에 있는 구절이다.

11-46.

투현질능 妬賢嫉能

어질고 유능한 사람을 시기하고 미워함. 현명하고 재능 있는 사람을 시기하고 질투하는 마음이나 심리를 이르는 말.

*妬 샘낼 투
*賢 어질 현
*嫉 미워할 질
*能 능할 능

순자가 말하였다. "선비에게 질투하는 벗이 있으면 어진 이가 가까이 하지 않고, 임금에게 질투하는 신하가 있으면 어진 사람이 오지 않는다."

11-47.

각득기소 各得其所

각자 자기의 자리를 얻음. 모든 것이 제자리에 있음. 사람이나 사물이 각자의 능력이나 필요에 따라 적절한 위치를 얻고 제 역할을 다하는 상황을 이르는 말.

*各 각기 각
*得 얻을 득
*其 그 기
*所 바 소

하늘은 녹 없는 사람을 내지 않고, 땅은 이름 없는 풀을 기르지 않는다.

11-48.

자취부귀 自取富貴

자기 힘으로 부귀를 누리게 됨.

*自 스스로 자
*取 취할 취
*富 부유할 부
*貴 귀할 귀

큰 부자는 하늘에 달려 있고, 작은 부자는 근면에 달려 있다.

11-46.

순 자 왈 사 유 투 우 즉 현 교 불 친 군 유 투 신 즉 현 인 부 지

荀子曰 士有妬友則賢交不親하고 **君有妬臣則賢人不至**니라.

*荀子: <5-15> 참조.

11-47.

천 불 생 무 록 지 인 지 부 장 무 명 지 초

天不生無祿之人하고 **地不長無名之草**니라.

*祿: 본래 관리의 봉급을 뜻하는 말이었으나, 복福이나 재주·잠재력 등의 뜻으로 사용됨.

11-48.

대 부 유 천 소 부 유 근

大富는 **由天**하고 **小富**는 **由勤**이니라.

*由: 말미암음. 어떤 일의 원인이나 이유가 됨.

해설 위 문장은 『증광현문』에 나오는 "大富由命, 小富由勤."이란 구절과 비슷하다.

11-49.

용전여수 用錢如水

돈을 마치 물 쓰듯 함부로 씀. 돈을 절제 없이 함부로 낭비하는 모습을 비유적으로 이르는 말.

*用 쓸 용
*錢 돈 전
*如 같을 여
*水 물 수

집을 번성하게 할 아이는 똥거름 아끼기를 금같이 하고, 집을 망칠 아이는 돈 쓰기를 똥같이 한다.

11-50.

방환미연 防患未然

재앙이나 우환을 당하기 전에 미리 방지함.

*防 막을 방
*患 근심 환
*未 아닐 미
*然 그럴 연

강절소선생이 말하였다. "한가롭게 살 때 삼가 해로울 것이 없다고 말하지 말라. 겨우 해로움이 없다고 말하자마자 곧 해로움이 생기리라. 입에 상쾌한 물건이 많으면 병을 일으킬 수 있고, 마음에 상쾌한 일도 지나치면 반드시 재앙이 있으리라. 병이 난 후에 약을 먹기보다는 병나기 전에 스스로 예방하는 것이 낫다."

11-51.

인명재천 人命在天

사람의 목숨은 하늘에 달려 있음. 인간 수명의 길고 짧음은 사람의 힘으로 어쩔 수 없음을 이르는 말.

*人 사람 인
*命 목숨 명
*在 있을 재
*天 하늘 천

『재동제군수훈』에서 말하였다. "신묘한 약이라도 원한에 사무친 병은 치료하기 어렵고, 뜻밖에 생긴 재물은 운명이 궁한 사람을 부자로 만들지 못한다. 일을 내면 일이 생기는 것을 그대는 원망하지 말고, 남을 해치면 남이 해치는 것을 너는 성내지 말라. 천지자연은 모두 보답함이 있나니 멀게는 자손에게 있고 가깝게는 자기 몸에 있다."

11-49.

성가지아 석분여금 패가지아 용금여분
成家之兒는 惜糞如金하고 敗家之兒는 用金如糞이니라.

11-50.

강절소선생왈 한거 신물설무방 재설무방
康節邵先生曰 閑居에 愼勿說無妨하라 纔說無妨

변유방 상구물다능작질 쾌심사과필유
便有妨이니라 爽口物多能作疾이요 快心事過必有

앙 여기병후능복약 불약병전능자방
殃이라 與其病後能服藥으론 不若病前能自防이니라.

*康節邵先生: <2-2> 참조.

11-51.

재동제군수훈왈 묘약 난의원채병 횡재
梓潼帝君垂訓曰 妙藥이 難醫冤債病이요 橫財는

불부명궁인 생사사생 군막원 해인인해
不富命窮人이라 生事事生을 君莫怨하고 害人人害를

여휴진 천지자연개유보 원재아손근재
汝休嗔하라 天地自然皆有報하니 遠在兒孫近在

신
身이니라.

*梓潼帝君: 도교道敎에서 사람의 학문적 능력이나 출세를 주관하는 신神으로 여겨지는 인물로서 문창제군文昌帝君, 문창군文昌君, 문창재동제군文昌梓潼帝君이라고 불림.

11-52.

꽃이 졌다 꽃이 피고 피었다 또 지고, 비단옷 베옷을 다시 바꿔 입는다. 호화로운 집이라고 해서 반드시 언제나 부귀한 것도 아니요, 가난한 집이라 해서 반드시 오래 적적하고 쓸쓸하진 않다. 사람을 부축하여도 반드시 하늘에 오르지는 못할 것이요, 사람을 밀어도 반드시 깊은 구렁에 떨어지진 않는다. 그대에게 권하노니, 모든 일에 하늘을 원망하지 말라. 하늘의 뜻은 사람에게 후하거나 박함이 없다.

천하언재 天何言哉

하늘이 어찌 말을 하겠는가? 하늘은 아무 말도 하지 않지만 하늘의 이치는 반드시 행해진다는 뜻.

*天 하늘 천
*何 어찌 하
*言 말씀 언
*哉 어조사 재

11-53.

사람의 마음이 독하기가 뱀 같음을 한탄할 만하다. 누가 하늘의 눈이 수레바퀴처럼 돌아가고 있음을 알겠는가? 지난해에 망령되이 동쪽 이웃의 물건을 취했더니 오늘은 다시 북쪽 집으로 돌아가는구나. 의롭지 않은 돈과 재물은 끓는 물에 눈을 뿌리는 것과 같을 것이요, 뜻밖에 얻은 토지는 물이 모래를 밀어내는 것과 같다. 만약 교활함과 속임수를 가지고 생계를 삼는다면 아침에 피었다 저녁에 지는 꽃과 같을 것이다.

사필귀정 事必歸正

모든 일은 반드시 옳은 이치대로 돌아감. 처음에는 옳고 그름을 판단하기 어려워 그릇된 것처럼 보여도 결국에는 바른 이치대로 돌아감을 이르는 말.

*事 일 사
*必 반드시 필
*歸 돌아갈 귀
*正 바를 정

11-52.

花落花開開又落(화락화개개우락)하고 錦衣布衣更換着(금의포의갱환착)이라. 豪家(호가)도 未必常富貴(미필상부귀)요 貧家(빈가)도 未必長寂寞(미필장적막)이라 扶人(부인)에 未必上青霄(미필상청소)요 推人(추인)에 未必塡溝壑(미필전구학)이라 勸君凡事(권군범사)를 莫怨天(막원천)하라 天意於人(천의어인)에 無厚薄(무후박)이니라.

*錦衣: 비단 옷. 부귀영화富貴榮華의 뜻으로 사용됨.

해설 『논어』 「양화陽貨」편에는 다음과 같은 구절이 있다. 공자가 말했다. "나는 말을 하지 않으려고 한다." 제자 자공이 물었다. "선생님께서 말씀을 하지 않으시면 저희들은 무엇을 배울 수 있겠습니까?" 공자가 대답했다. "하늘이 무슨 말을 하더냐? 사계절이 운행되고 만물이 태어나지만, 하늘이 무슨 말을 하더냐?"(子曰 子欲無言. 子貢曰 子如不言, 則小子何述焉. 子曰 天何言哉, 四時行焉, 百物生焉, 天何言哉.) 하늘처럼 말없이 덕을 베풀고 만물을 길러내는 것이야말로 진정한 도道라는 뜻을 담고 있는 구절이다.

11-53.

堪歎人心毒似蛇(감탄인심독사사)라 誰知天眼轉如車(수지천안전여차)요 去年妄取東隣物(거년망취동인물)터니 今日還歸北舍家(금일환귀북사가)라 無義錢財(무의전재)는 湯潑雪(탕발설)이요 儻來田地(당래전지)는 水推沙(수추사)니라 若將狡譎爲生計(약장교휼위생계)면 恰似朝開暮落花(흡사조개모락화)니라.

*儻: 갑자기.
*恰似: 마치 ~과 같음.

11-54.

약으로도 경상의 목숨을 고칠 수 없고, 돈으로도 자손의 어짊을 사기 어렵다.

불석천금 不惜千金

천금을 아끼지 않음. 중요한 일에 큰돈을 아끼지 않음을 이르는 말.

*不 아닐 불
*惜 아낄 석
*千 일천 천
*金 금 금

11-55.

하루 동안 마음이 깨끗하고 한가로우면 하루 동안의 신선이다.

청한지환 淸閑之歡

맑고 한가로운 즐거움. 마음이 평온하고 여유가 있는 것이 진정한 기쁨이라는 말.

*淸 맑을 청
*閑 한가할 한
*之 어조사 지
*歡 기쁠 환

11-54.

무 약 가 의 경 상 수 유 전 난 매 자 손 현
無藥可醫卿相壽요 **有錢難買子孫賢**이니라.

*卿相: 육경六卿과 삼상三相. 육경은 이조吏曹·호조戶曹·예조禮曹·병조兵曹·형조刑曹·공조工曹 등 육조六曹의 판서判書, 삼상은 우의정右議政·좌의정左議政·영의정領議政을 가리킴. 재상宰相이나 정승政丞.

11-55.

일 일 청 한 일 일 선
一日清閑이면 **一日仙**이니라.

12 마음을 살피는 글(하)

12-1.

『진종황제어제』에서 말하였다. "위태로움을 알고 험한 것을 알면 마침내 그물에 걸리는 일이 없을 것이요, 선한 사람을 들어 쓰고 어진 사람을 천거하면 몸을 편안히 하는 길이 저절로 생긴다. 인仁을 베풀고 덕을 폄은 곧 대대로 영화롭고 창성할 것이요, 시기하는 마음을 품고 원한에 보복함은 자손에게 위태로움과 재앙을 주는 것이다. 남을 해쳐 자기를 이롭게 하면 마침내 현달하는 자손이 없을 것이고, 뭇 사람을 해롭게 해서 집안을 크게 이룬다면 어찌 장구한 부귀가 있겠는가? 죄를 지어 이름을 고치고 목이 잘려 죽는 형벌에 처해져 머리와 몸이 따로 놓임은 모두 교묘한 말로 말미암아 생겨나고, 재앙이 일어나고 몸이 상함은 모두 어질지 못함이 불러들이는 것이다."

이궐가유 貽厥嘉猷

그에게 아름다운 계책을 남김. 선한 가르침이나 훌륭한 업적을 자손에게 남기도록 노력하라는 뜻.

*貽 끼칠 이
*厥 그 궐
*嘉 아름다울 가
*猷 꾀 유

12-2.

『신종황제어제』에서 말하였다. "도리가 아닌 재물은 멀리하고 정도에 지나치는 술을 경계하며, 거처함에 반드시 이웃을 가리고, 사귈 때는 벗을 잘 선택하며, 질투를 마음에 일으키지 말고, 남을 헐뜯는 말을 입에서 내지 말며, 친족 중에 가난한 자를 멀리하지 말고, 타인 가운데 부유한 자를 후하게 대하지 말고, 자기의 사욕을 이기는 일은 근검을 첫째로 삼고, 대중을 사랑함은 겸손과 화목을 첫째로 삼을 것이며, 언제나 지나간 잘못을 생각하고, 항상 미래의 허물을 생각하라. 만약 나의 이 말에 따른다면 나라와 집안을 다스림이 오래갈 수 있을 것이다."

익자삼락益者三樂

유익한 즐거움 세 가지. 장기적인 관점에서 사람에게 유익함을 주는 3가지 즐거움.

*益 이로울 익
*者 사람 자
*三 석 삼
*樂 즐거울 락(낙)

12 성심편(하) 省心篇(下)

12-1.

眞宗皇帝御製曰 知危識險이면 終無羅網之門이요 擧善薦賢이면 自有安身之路라. 施仁布德은 乃世代之榮昌이요 懷妬報寃은 與子孫之危患이라. 損人利己면 終無顯達雲仍이요 害衆成家면 豈有長久富貴리요 改名異體는 皆因巧語而生이요 禍起傷身은 皆是不仁之召니라.

*眞宗皇帝: 북송北宋의 제3대 황제(968~1022).

*御製: 임금이 몸소 지은 글이나 만든 물건.

*顯達: 벼슬과 명성 혹은 덕망이 높아서 이름이 세상에 드러나는 것.

*雲仍: 구름이 뭉게뭉게 생기는 것. 자손을 비유하는 말.

12-2.

神宗皇帝御製曰 遠非道之財하고 戒過度之酒하며 居必擇隣하고 交必擇友하며 嫉妬를 勿起於心하고 讒言을 勿宣於口하며 骨肉貧者를 莫疎하고 他人富者를 莫厚하며 克己는 以勤儉爲先하고 愛衆은 以謙和爲首하며 常思已往之非하고 每念未來之咎하라. 若依朕之斯言이면 治國家而可久니라.

*神宗皇帝: 북송의 제6대 황제(1048~1085).

*骨肉: 부모형제와 친족을 비유하는 말.

해설 『논어』「계씨季氏」편에는 다음과 같은 구절이 있다. 공자가 말했다. "유익한 것이 3가지 좋아함이고, 손해되는 것이 3가지 좋아함이니, 예악의 절차를 분별하기 좋아하며, 사람의 선함을 말하기 좋아하며, 어진 벗이 많은 것을 좋아하면 유익하고, 교만과 방자함을 좋아하며, 편안히 노는 것을 좋아하며, 향락에 빠지는 것을 좋아하면 손해가 된다."(孔子曰 益者三樂, 損者三樂, 樂節禮樂, 樂道人之善, 樂多賢友, 益矣, 樂驕樂, 樂佚遊, 樂宴樂, 損矣.)

12-3.

복연선경 福緣善慶

복은 선행을 쌓아서 생기는 경사스런 일로부터 말미암음. 착한 일을 지속하면 결국 복을 받게 됨을 이르는 말.

*福 복 복
*緣 인연 연
*善 착할 선
*慶 경사 경

『고종황제어제』에서 말하였다. "한 점 작은 불티도 만 이랑의 장작을 태울 수 있고, 한 마디 그릇된 말도 평생의 덕을 그르치고 훼손한다. 몸에 한 오라기의 실을 걸치더라도 항상 베 짜는 여자의 수고를 생각하고, 하루 세 끼니의 밥을 먹어도 농부의 노고를 생각하라. 구차하게 탐내고 시기해서 남에게 손해를 끼친다면 결국 10년의 편안함도 없을 것이요, 선을 쌓고 인仁을 보존하면 반드시 후손들에게 영화가 있으리라. 복이 선행에서 말미암는 다는 것은 대부분 오랜 실천이 쌓였기 때문이며, 성인의 경지에 들어가고 평범함을 초월하는 것은 모두 진실하여 얻어진 결과이다."

12-4.

부자자효 父慈子孝

부모가 자녀에게 자애로우면 자녀가 부모에게 효성스럽다는 뜻.

*父 아버지 부
*慈 사랑 자
*子 아들 자
*孝 효도 효

왕량이 말하였다. "그 임금을 알고자 한다면 먼저 그 신하를 살펴보고, 그 사람을 알고자 한다면 먼저 그 벗을 살펴보고, 그 아비를 알고자 한다면 먼저 그 자식을 살펴보라. 임금이 성스러우면 신하가 충성스럽고, 아비가 인자하면 자식이 효도한다."

12-5.

수청무어 水淸無魚

물이 너무 맑으면 물고기가 살 수 없음. 사람이 지나치게 결백하면 주위에 사람이 모이지 않음을 비유하는 말.

*水 물 수
*淸 맑을 청
*無 없을 무
*魚 물고기 어

『가어』에서 말하였다. "물이 지극히 맑으면 고기가 없고, 사람이 지극히 살피면 친구가 없다."

12-3.

고종황제어제왈 일성지화 능소만경지신
高宗皇帝御製曰 一星之火도 能燒萬頃之薪하고
반구비언 오손평생지덕 신피일루 상사
半句非言도 誤損平生之德이라. 身被一縷나 常思
직녀지로 일식삼손 매념농부지고 구
織女之勞하고 日食三飧이나 每念農夫之苦하라. 苟
탐투손 종무십재안강 적선존인 필유
貪妬損이면 終無十載安康이요 積善存仁이면 必有
영화후예 복연선경 다인적행이생 입
榮華後裔니라. 福緣善慶은 多因積行而生이요 入
성초범 진시진실이득
聖超凡은 盡是眞實而得이니라.

*高宗皇帝: 남송南宋의 제1대 황제(1107~1187).

12-4.

왕량왈 욕지기군 선시기신 욕식기인
王良曰 欲知其君인대 先視其臣하고 欲識其人인대
선시기우 욕지기부 선시기자 군성신
先視其友하고 欲知其父인대 先視其子하라. 君聖臣
충 부자자효
忠하고 父慈子孝니라.

*王良: 춘추시대 진晉나라 사람. 후한後漢 시대 사람이라는 설도 있음.

12-5.

가어운 수지청즉무어 인지찰즉무도
家語云 水至淸則無魚하고 人至察則無徒니라.

*家語: 공자의 언행言行 및 그의 제자들과 나눈 대화를 모아 놓은 책. 『공자가어孔子家語』(10권 44편)를 가리킴.

12-6.

간담호월 肝膽胡越

간과 쓸개의 사이가 초나라와 월나라 사이의 거리처럼 멀다는 뜻. 가까이에 있어도 멀리 있는 것처럼 느껴질 수 있음. 사물은 보기에 따라 닮은 것도 서로 다르게 보임을 비유하여 이르는 말.

*肝 간 간
*膽 쓸개 담
*胡 오랑캐 이름 호
*越 월나라 월

허경종이 말하였다. "봄비는 기름과 같으나 길가는 사람은 그 진창 흙탕물을 싫어하고, 가을달이 밝게 비치나 도둑은 그 밝게 비추는 것을 싫어한다."

12-7.

태산홍모 泰山鴻毛

태산과 기러기 털. 가벼움과 무거움의 차이가 매우 큰 것을 비유한 말.

*泰 클 태
*山 메 산
*鴻 큰 기러기 홍
*毛 터럭 모

『경행록』에서 말하였다. "대장부는 선을 보는 것이 밝기 때문에 명분과 절의를 태산보다 중히 여기고, 마음 쓰는 것이 정밀하기 때문에 죽고 사는 것을 기러기 털보다 가볍게 여긴다."

12-8.

박시제중 博施濟衆

사랑과 은혜를 널리 베풀어 많은 사람을 구제함.

*博 넓을 박
*施 베풀 시
*濟 구제할 제
*衆 무리 중

남의 흉한 것을 불쌍히 여기고, 남의 선한 것을 즐거워하며, 남의 급한 것을 건지고, 남의 위태로움을 구제하라.

12-6.

허 경 종 왈 춘 우 여 고 행 인 오 기 니 녕 추 월
許敬宗曰 春雨如膏나 行人은 惡其泥濘하고 秋月

양 휘 도 자 증 기 조 감
揚輝나 盜者는 憎其照鑑이니라.

*許敬宗(592~673): 당唐나라 때의 정치가.

12-7.

경 행 록 운 대 장 부 견 선 명 고 중 명 절 어 태 산
景行錄云 大丈夫見善明故로 重名節於泰山하고

용 심 정 고 경 사 생 어 홍 모
用心精故로 輕死生於鴻毛니라.

*景行錄: <1-7> 참조.

*大丈夫: <5-2> 참조.

12-8.

민 인 지 흉 낙 인 지 선 제 인 지 급 구 인 지
悶人之凶하고 樂人之善하며 濟人之急하고 救人之

위
危니라.

12-9.

눈으로 경험한 일도 모두 참되지는 아니할까 두렵거늘, 등 뒤의 말을 어찌 깊이 믿을 수 있으리오?

군맹무상 群盲撫象

앞이 보이지 않는 사람 여럿이 코끼리를 어루만짐. 좁은 소견과 주관으로 잘못된 판단을 함을 이르는 말.

*群 무리 군
*盲 소경 맹
*撫 어루만질 무
*象 코끼리 상

12-10.

자기 집 두레박 끈이 짧은 것은 탓하지 않고, 단지 남의 집 우물 깊어 힘든 것만 탓한다.

춘풍추상 春風秋霜

남을 대할 때에는 봄바람처럼 부드럽게 대하고, 자신을 대할 때에는 가을 서리처럼 엄격하게 대함.

*春 봄 춘
*風 바람 풍
*秋 가을 추
*霜 서리 상

12-11.

부정한 재물을 취하는 사람이 천하에 가득하되, 죄는 복이 적은 사람에게 걸린다.

거세개탁 擧世皆濁

온 세상이 다 탁함. 지위고하를 막론하고 모든 사람이 옳지 못함을 비판하는 말.

*擧 들 거
*世 세상 세
*皆 모두 개
*濁 탁할 탁

12-9.

경 목 지 사　공 미 개 진　배 후 지 언　기 족 심 신

經目之事도 恐未皆眞이어늘 背後之言을 豈足深信

이리오.

*經: <11-28> 참조.

12-10.

불 한 자 가 급 승 단　지 한 타 가 고 정 심

不恨自家汲繩短하고 只恨他家苦井深이로다.

*苦: 힘듦. 어려움.

12-11.

장 람　만 천 하　죄 구 박 복 인

贓濫이 滿天下하되 罪拘薄福人이니라.

*贓: 뇌물賂物.

12-12.

하늘이 만약 상도를 바꾸면 바람 불지 않아도 비가 오고, 사람이 만약 상도를 바꾸면 병이 나지 않아도 죽는다.

역천자망 逆天者亡

하늘의 뜻을 거스르는 사람은 결국 멸망함. 자연의 섭리나 도덕적 질서를 무시하면 결국 좋지 않은 결과를 초래함을 이르는 말.

*逆 거스를 역
*天 하늘 천
*者 사람 자
*亡 망할 망

12-13.

『장원시』에서 말하였다. "나라가 바르면 천심도 순하고, 벼슬아치가 청렴하면 온 백성이 저절로 편안하다. 아내가 어질면 남편의 화가 적을 것이요, 자식이 효도하면 아버지의 마음이 너그러워진다."

국태민안 國泰民安

나라가 태평하고 백성이 삶이 평안함.

*國 나라 국
*泰 태평할 태
*民 백성 민
*安 편안할 안

12-14.

공자가 말하였다. "나무가 먹줄을 좇으면 곧아지고, 사람이 충고를 받아들이면 성인이 된다."

양약고구 良藥苦口

좋은 약은 입에 씀. 신하의 충성스런 말은 임금의 귀에 거슬리지만 나라에는 크게 이롭다는 뜻.

*良 좋을 양(량)
*藥 약 약
*苦 쓸 고
*口 입 구

12-12.

천 약 개 상 불 풍 즉 우 인 약 개 상 불 병 즉 사
天若改常이면 不風則雨요 人若改常이면 不病則死니라.

*常: 변하지 않는 떳떳한 도리 혹은 언제나 지켜야 할 도리. 상도常道.

12-13.

장 원 시 운 국 정 천 심 순 관 청 민 자 안 처 현
壯元詩云 國正天心順이요 官清民自安이라. 妻賢

부 화 소 자 효 부 심 관
夫禍少요 子孝父心寬이니라.

해설 위 문장의 "妻賢夫禍少, 子孝父心寬."은 『증광현문增廣賢文』에 나오는 말이다. 『증광현문』에 대해서는 <11-19> 참조.

12-14.

자 왈 목 종 승 즉 직 인 수 간 즉 성
子曰 木從繩則直하고 人受諫則聖이니라.

*繩: 나무나 돌에 곧은 줄을 긋기 위해 먹물을 묻힌 노끈이나 실.

12-15.

한 줄기 푸른 산은 경치가 그윽하더니 앞사람이 가꾸던 전토를 뒷사람이 거둔다. 뒷사람은 거두게 된 것을 기뻐하지 말라. 다시 거둘 사람이 뒷머리에 있다.

석과불식 碩果不食

큰 과실을 다 먹지 않고 남김. 자기의 욕심을 버리고 자손에게 복을 남겨줌을 이르는 말.

*碩 클 석
*果 열매 과
*不 아닐 불
*食 먹을 식

12-16.

소동파가 말하였다. "까닭 없이 천금을 얻는다면 큰 복이 있는 것이 아니라 반드시 큰 재앙이 있다."

복과화생 福過禍生

지나친 복은 도리어 재앙의 원인이 됨.

*福 복 복
*過 지날 과
*禍 재앙 화
*生 날 생

12-17.

강절소선생이 말하였다. "어떤 사람이 와서 점괘를 묻되, '어떠한 것이 화복입니까?' 하자, '내가 남을 해롭게 하면 이것이 화요, 남이 나를 해롭게 하면 이것이 복이다.'"

자취기화 自取其禍

자기 잘못으로 인하여 재앙과 환란을 겪음.

*自 스스로 자
*取 취할 취
*其 그 기
*禍 재앙 화

12-15.

일 파 청 산 경 색 유　전 인 전 토 후 인 수　후 인 수
一派青山景色幽러니 **前人田土後人收**라 **後人收**

득 막 환 희　갱 유 수 인 재 후 두
得莫歡喜하라 **更有收人在後頭**니라.

*田土: 논과 밭.
*後頭: 바로 뒤에 있음을 표현한 말.

해설 '석과불식碩果不食'은 『주역』 박괘剝卦䷖ 상구효上九爻에 있는 구절이다. 그 내용은 다음과 같다. "큰 과일이 먹히지 않음이니, 군자는 수레를 얻고 소인은 집을 허물리라."(碩果不食, 君子得輿, 小人剝廬.) '종자種子로 쓰일 열매는 먹히지 않음'을 뜻하는 이 말은 '마지막 씨앗 하나를 남겨 놓아야 희망의 싹을 틔울 수 있음'을 의미한다.

12-16.

소 동 파 왈　무 고 이 득 천 금　불 유 대 복　필 유
蘇東坡曰 無故而得千金이면 **不有大福**이라 **必有**

대 화
大禍니라.

*蘇東坡(1036~1101): 이름은 식軾, 호는 동파東坡로서 북송北宋의 학자. 당송팔대가唐宋八大家의 한 사람.

12-17.

강 절 소 선 생 왈　유 인 래 문 복　여 하 시 화 복　아
康節邵先生曰 有人來問卜하되 **如何是禍福**고 **我**

휴 인 시 화　인 휴 아 시 복
虧人是禍요 **人虧我是福**이니라.

*康節邵先生: <2-2> 참조.
*卜: 앞날의 운수運數나 길흉吉凶 따위를 미리 판단하는 일. 점괘占卦를 묻는 일.

12-18.

큰 집이 천 칸이라도 밤에는 여덟 자 방에 눕고, 좋은 밭이 만 이랑이 있더라도 하루에 두 되 먹는다.

야와팔척 夜臥八尺

밤에 누워 자는 공간은 여덟 자면 충분하다는 뜻. 큰 욕심을 경계하는 말.

*夜 밤 야
*臥 누울 와
*八 여덟 팔
*尺 자 척

12-19.

손님으로 오래 머물면 사람들로 하여금 나를 천하게 여기도록 만들고, 자주 오면 친하던 사이도 멀어진다. 단지 사흘이나 닷새만 보아도 서로 보는 것이 처음만 같지 못하다.

압이경지 狎而敬之

매우 친한 사이라 할지라도 상대방을 공경함. 가까운 사이일수록 더욱 예의를 갖추고 존중해야 함을 이르는 말.

*狎 익숙할 압
*而 말 이을 이
*敬 공경할 경
*之 어조사 지

12-20.

목이 마를 때 한 방울의 물은 감로수 같고, 취한 후에 잔을 더하는 것은 없는 것만 못하다.

설중송탄 雪中送炭

눈 속에 있는 사람에게 땔감을 보내줌. 매우 어려운 상황에 처한 사람에게 적절한 시기에 도움을 주는 것을 비유하는 말.

*雪 눈 설
*中 가운데 중
*送 보낼 송
*炭 숯 탄

12-18.

대 하 천 간　　야 와 팔 척　　양 전 만 경　　일 식
大廈千間이라도 夜臥八尺이요 良田萬頃이라도 日食
이 승
二升이니라.

*八尺: 여덟 자. 한 자가 30cm이므로 약 2.4m..

해설 위 문장은『증광현문』에 나오는 "良田萬頃, 日食三升, 大廈千間, 夜臥八尺."이란 구절과 비슷하다.

12-19.

구 주 영 인 천　　빈 래 친 야 소　　단 간 삼 오 일　　상
久住令人賤이요 頻來親也踈라 但看三五日에 相
견 불 여 초
見不如初니라.

12-20.

갈 시 일 적　　여 감 로　　취 후 첨 배　　불 여 무
渴時一滴은 如甘露요 醉後添盃는 不如無니라.

*甘露: 하늘에서 내려주는 불로장생不老長生의 신비한 약藥. 예로부터 태평성대太平聖代가 되면 하늘이 상서로운 징조로 감로수를 내려준다는 전설이 있음.

12-21.

술이 사람을 취하게 하는 것이 아니라 사람이 스스로 취하는 것이요, 여색이 사람을 미혹시키는 것이 아니라 사람이 스스로 미혹되는 것이다.

자과부지 自過不知

자기의 허물이나 잘못은 스스로 알지 못함.

*自 스스로 자
*過 허물 과
*不 아닐 불
*知 알 지

12-22.

공을 위하는 마음을 사를 위하는 마음에 비긴다면 무슨 일인들 되지 않겠으며, 도를 향하는 마음을 만약 정념처럼 한다면 부처의 경지가 이룩된 지 오래일 것이다.

마부작침 磨斧作針

도끼를 갈아 바늘을 만듦. 아무리 어려운 일이라도 꾸준히 노력하면 반드시 성취할 수 있음을 이르는 말.

*磨 갈 마
*斧 도끼 부
*作 지을 작
*針 바늘 침

12-23.

염계선생이 말하였다. "재주가 있는 사람은 말을 잘하고 재주가 없는 사람은 침묵하며, 재주가 있는 사람은 수고롭고 재주가 없는 사람은 한가하다. 재주가 있는 사람은 남을 해치고 재주가 없는 사람은 덕스러우며, 재주가 있는 사람은 흉하고 재주가 없는 사람은 길吉하다. 아아! 천하가 재주가 없으면 형벌로 다스리는 정치가 없어져, 위의 임금은 편안하고 아래 백성은 순종하며, 풍속이 맑고 폐단이 없어질 것이다."

대지약우 大智若愚

큰 지혜는 어리석은 것처럼 보임. 뛰어난 사람은 자기의 재능을 드러내지 않아 얼핏 보기에 어리석어 보임을 이르는 말.

*大 클 대
*智 슬기 지
*若 같을 약
*愚 어리석을 우

12-21.

주 불 취 인 인 자 취　색 불 미 인 인 자 미
酒不醉人人自醉요 **色不迷人人自迷**니라.

*色: 일반적으로는 색깔을 뜻하지만 이성異性에 대한 욕망을 표현할 때는 주로 여색女色으로 사용됨.

12-22.

공 심　약 비 사 심　하 사 불 판　도 념　약 동 정
公心을 **若比私心**이면 **何事不辦**이며 **道念**을 **若同情**
념　성 불 다 시
念이면 **成佛多時**니라.

*情念: 자연스럽게 생기는 사랑의 감정.
*多時: 긴 시간.

12-23.

염 계 선 생 왈　교 자 언　졸 자 묵　교 자 노
濂溪先生曰 巧者言하고 **拙者黙**하며 **巧者勞**하고
졸 자 일　교 자 적　졸 자 덕　교 자 흉　졸
拙者逸하며 **巧者賊**하고 **拙者德**하며 **巧者凶**하고 **拙**
자 길　오 호　천 하 졸　형 정　철　상 안
者吉하나니 **嗚呼**라 **天下拙**이면 **刑政**이 **撤**하여 **上安**
하 순　풍 청 폐 절
下順하며 **風淸弊絶**이니라.

*濂溪: 북송오자北宋五子 중 한 사람인 주돈이周敦□(1017~1073). 자는 무숙茂淑, 호는 염계. 말년에 강서성江西省의 여산廬山 시냇가에 집을 짓고 제자를 가르치며 여생을 보냈는데, 이 때 개울 이름을 염계라 하고 스스로 염계선생이라고 부른 것에서 비롯되었음. 저서로는『태극도설太極圖說』,『통서通書』등이 있음.

12-24.

『주역』에서 말하였다. "덕은 적으면서 지위가 높으며, 지혜는 작으면서 도모하는 것이 크면 화를 당하지 않는 자가 드물다."

원후취월 猿猴取月

원숭이가 물에 비친 달을 잡음. 욕심에 눈이 어두워 자기의 분수를 모르고 날뛰다가 목숨까지 잃게 됨을 비유적으로 이르는 말.

*猿 원숭이 원
*猴 원숭이 후
*取 가질 취
*月 달 월

12-25.

『설원』에서 말하였다. "관리는 지위가 성취되는 데서 게을러지고, 병은 조금 나아진 데서 심해지며, 재앙은 게으른 데서 생기고, 효도는 처자식에서 약해진다. 이 4가지를 살펴서 삼가 끝맺음을 처음과 같이 할지니라."

신종여시 愼終如始

마무리를 처음처럼 신중하게 함. 일의 마지막 단계에서도 처음과 같이 신중을 기하는 마음가짐이나 태도를 이르는 말.

*愼 삼갈 신
*終 마칠 종
*如 같을 여
*始 처음 시

12-26.

그릇이 가득차면 넘치고, 사람이 자만하면 잃는다.

선유자익 善游者溺

헤엄을 잘 치는 사람이 물에 빠짐. 한 가지 재주에 뛰어난 사람이 자신의 능력만 믿고 자만하다가 오히려 화를 입는 경우를 비유하는 말.

*善 잘할 선
*游 헤엄칠 유
*者 사람 자
*溺 빠질 익(닉)

12-24.

역 왈 덕 미 이 위 존 지 소 이 모 대 무 화 자 선 의
易曰 德微而位尊하고 智小而謀大면 無禍者鮮矣니라.

*易: 『주역周易』을 가리킴.

해설 이 구절은 『주역』 「계사상繫辭上」에 있는 다음의 내용과 같다. 공자가 말하였다. "덕이 적으면서 지위가 높고, 지혜가 작으면서 꾀함이 크고, 힘이 적으면서 짐이 무거우면 화가 미치지 않는 자가 드물다."(子曰 德薄而位尊, 知小而謀大, 力小而任重, 鮮不及矣.)

12-25.

설 원 왈 관 태 어 환 성 병 가 어 소 유 화 생 어
說苑曰 官怠於宦成하고 病加於小愈하며 禍生於
해 타 효 쇠 어 처 자 찰 차 사 자 신 종 여 시
懈惰하고 孝衰於妻子니 察此四者하여 愼終如始니라.

*說苑: 한韓나라 유향劉向이 지은 책으로서 선현先賢들의 일화逸話가 수록되어 있음.

해설 愼終如始는 『도덕경道德經』 64장의 "마무리를 처음처럼 신중하게 하면, 애당초 그르치는 일이 없을 것이다."(愼終如始, 則無敗事.)라는 구절에서 유래한 말이다.

12-26.

기 만 즉 일 인 만 즉 상
器滿則溢하고 人滿則喪이니라.

해설 『논어』 「선진先進」편에 과유불급過猶不及이란 말이 있다. '지나친 것은 미치지 못함만 못하다'는 뜻이다. 무엇이든 넘치고 지나친 것은 좋지 않다. 적정한 수준에 도달하여 만족하고 그칠 줄 아는 것이 중요하다. 이것을 중용中庸이라고 말한다.

12-27.

한 자의 구슬이 보배가 아니요, 짧은 시간 이것을 다투어라.

촌음시경 寸陰是競

짧은 시간이라도 다투어 귀하게 써야 함. 시간을 아껴야 함을 강조하는 말.

*寸 마디 촌
*陰 그늘 음
*是 이 시
*競 다툴 경

12-28.

양고기 국이 비록 맛은 좋으나, 여러 사람의 입을 맞추기는 어렵다.

중구난조 衆口難調

여러 사람의 입맛을 모두 만족시키기 어려움. 다양한 의견이나 기호를 가진 사람들의 요구를 모두 충족시키기 어렵다는 뜻.

*衆 무리 중
*口 입 구
*難 어려울 난
*調 조절할 조

12-29.

『익지서』에서 말하였다. "백옥을 진흙 속에 던져도 그 빛을 더럽힐 수 없고, 군자는 혼탁한 곳에 갈지라도 그 마음을 더럽히거나 어지럽힐 수 없다. 그러므로 소나무·잣나무는 서리와 눈을 견뎌 내고, 현명하고 지혜로운 사람은 위급한 환난을 건널 수 있다."

세한송백 歲寒松柏

추운 겨울의 소나무와 잣나무. 어떤 역경 속에서도 지조를 굽히지 않는 사람 혹은 그 지조를 비유적으로 이르는 말.

*歲 해 세
*寒 찰 한
*松 소나무 송
*柏 잣나무 백

12-27.

척 벽 비 보　　촌 음 시 경

尺璧非寶요 **寸陰是競**이니라.

*尺璧: 지름이 한 자나 되는 보석.
*寸陰: 매우 짧은 시간.

해설 위 문장은 『천자문千字文』에 나오는 내용이다. 『천자문』은 중국 남조南朝 시대 양梁나라의 주흥사周興嗣가 6세기 초반에 지은 책으로 사언四言 고시古詩 250구절 1,000자로 되어 있다.

12-28.

양 갱　　수 미　　중 구　　난 조

羊羹이 **雖美**나 **衆口**는 **難調**니라.

*調: 조절하여 맞춤.

12-29.

익 지 서 운　백 옥　　투 어 니 도　　불 능 오 예 기 색

益智書云 白玉은 **投於泥塗**라도 **不能汚穢其色**이요

군 자　　행 어 탁 지　　불 능 염 란 기 심　　고　송

君子는 **行於濁地**라도 **不能染亂其心**하나니 **故**로 **松**

백　　가 이 내 설 상　　명 지　　가 이 섭 위 난

柏은 **可以耐雪霜**이요 **明智**는 **可以涉危難**이니라.

*柏: 잣나무를 뜻하는 백栢과 통용.

해설 『논어』 「자한子罕」편에 위 문장과 비교하며 읽어 볼만한 구절이 있다. 그 내용은 다음과 같다. 공자가 말하였다. "날씨가 추워진 뒤에야 소나무와 잣나무가 뒤늦게 시듦을 알겠다."(子日 歲寒然後, 知松栢之後彫也.)

12-30.

막감개구 莫敢開口

감히 입을 열고 말을 하지 못함. 두렵거나 조심스러워서 자기가 할 말을 감히 꺼내지 못함.

*莫 없을 막
*敢 감히 감
*開 열 개
*口 입 구

산에 들어가 호랑이를 잡기는 쉬우나, 입을 열어 남에게 부탁하는 말을 건네기는 어렵다.

12-31.

원족근린 遠族近隣

먼 곳에 사는 친족과 가까운 데 사는 이웃. 먼 친척이 가까운 이웃만 못함을 이르는 말. 이웃사촌과 비슷한 뜻.

*遠 멀 원
*族 가족 족
*近 가까울 근
*鄰 이웃 린(인)

먼 곳에 있는 물은 가까이에서 난 불을 끄지 못하고, 먼 곳의 일가친척은 가까운 이웃보다 못하다.

12-32.

적선여경 積善餘慶

선을 쌓으면 경사가 남음. 착한 일을 많이 한 집안은 경사스런 일이 넘치고 그 복이 후손에게까지 이어짐을 이르는 말.

*積 쌓을 적
*善 착할 선
*餘 남을 여
*慶 경사 경

태공이 말하였다. "해와 달이 비록 밝으나 엎어놓은 양동이의 밑은 비추지 못하고, 칼날이 비록 잘 들더라도 죄 없는 사람은 베지 못하고, 정상이 아닌 재난과 느닷없는 재앙은 조심하는 집 문에는 들어가지 못한다."

12-30.

입 산 금 호 이 개 구 고 인 난
入山擒虎는 易어니와 開口告人은 難이니라.

*告人: 남에게 부탁하는 말을 함.

12-31.

원 수 불 구 근 화 원 친 불 여 근 린
遠水는 不救近火요 遠親은 不如近隣이니라.

*不如: ~만 못함.
'A不如B'는 'A는 B보다 못함'이란 뜻임.

12-32.

태 공 왈 일 월 수 명 부 조 복 분 지 하 도 인
太公曰 日月이 雖明이나 不照覆盆之下하고 刀刃이
수 쾌 불 참 무 죄 지 인 비 재 횡 화 불 입 신 가
雖快나 不斬無罪之人하고 非災橫禍는 不入愼家
지 문
之門이니라.

*太公: <1-4> 참조.

해설 세상의 어떤 일도 갑자기 이루어 지는 법은 없다. '작은 것을 쌓아 큰 것을 이룬다'는 뜻의 사자성어인 적소성대積小成大에 관해서는 <21-1>과 <21-2> 참조.

12-33.

실사구시 實事求是

실제적인 일에서 옳은 진리를 구함. 사실에 토대를 두어 연구하는 과학적·객관적 학문 태도를 이르는 말.

*實 열매 실
*事 일 사
*求 구할 구
*是 옳을 시

태공이 말하였다. "좋은 밭 만 이랑이 하찮은 기술을 몸에 지니는 것만 못하다."

12-34.

반구저기 反求諸己

돌이켜 자신에게서 문제의 원인을 찾음.

*反 돌이킬 반
*求 구할 구
*諸 어조사 저
*己 몸 기

성리서에서 말하였다 "남을 대할 때 중요한 것은 자기가 하고자 하지 않는 것을 남에게 베풀지 말고, 행해도 되지 않는 일이 있거든 돌이켜 자신에서 문제를 찾아라."

12-35.

상선약수 上善若水

최고의 선함은 물과 같음. 세상에서 가장 훌륭함이란 어떤 것을 만나도 지나갈 수 있는 물의 유연함과 언제나 낮은 곳으로 향하는 물의 겸손함을 가진 사람 혹은 그 지혜라는 뜻.

*上 위 상
*善 착할 선
*若 같을 약
*水 물 수

술·여색·재물·기운의 네 개의 담 안에 많은 어진 이와 어리석은 사람이 그 방에 함께 있다. 만약 세상사람 중에 그곳을 뛰쳐나오는 이가 있다면 그것은 곧 신선의 죽지 않는 방법이다.

12-33.

태 공 왈　양 전 만 경　불 여 박 예 수 신

太公曰 良田萬頃이 **不如薄藝隨身**이니라.

*太公: <1-4> 참조.

12-34.

성 리 서 운　접 물 지 요　기 소 불 욕　물 시 어 인

性理書云 接物之要는 **己所不欲**을 **勿施於人**하고

행 유 부 득　반 구 저 기

行有不得이어든 **反求諸己**니라.

*諸: '모두'라는 뜻으로 사용될 때는 '제', '~에서'라는 뜻의 어조사로 사용될 때는 '저'로 읽음.

해설 '己所不欲 勿施於人'은 『논어』 「안연顏淵」편에 있는 구절이다. 그 내용은 다음과 같다. 중궁仲弓이 인仁을 묻자, 공자가 말하였다. "문을 나갔을 때에는 큰손님을 뵌 듯이 하며, 백성에게 일을 시킬 때에는 큰 제사를 받들 듯이 하고, 자기가 하고 싶지 않은 것을 남에게 베풀지 말아야 하니, 나라에 원망이 없으며, 집안에 원망이 없을 것이다." 중궁이 말하였다. "제가 비록 민첩하지 못하지만 이 말씀을 실천하겠습니다."(仲弓問仁, 子曰 出門如見大賓, 使民如承大祭, 己所不欲, 勿施於人, 在邦無怨, 在家無怨. 仲弓曰 雍雖不敏, 請事斯語矣.) 한편 '反求諸己'는 『논어』 「위령공衛靈公」편에 있는 구절인데, 그 내용은 다음과 같다. 공자가 말하였다. "군자는 자신에게서 찾고, 소인은 남에게서 찾는다."(子曰 君子求諸己, 小人求諸人.)

12-35.

주 색 재 기 사 도 장　다 소 현 우 재 내 상　약 유 세

酒色財氣四堵墻에 **多少賢愚在內廂**이라. **若有世**

인 도 득 출　변 시 신 선 불 사 방

人跳得出이면 **便是神仙不死方**이니라.

*多少: 어느 정도 혹은 많음.

해설 상선약수上善若水는 『도덕경』 8장에 나오는 말이다. 그 내용은 다음과 같다. "가장 좋은 것은 물과 같다. 물은 온갖 것을 이롭게 하면서도 공功을 다투지 않고 모두가 싫어하는 낮은 곳에 처하므로 도道에 가깝다."(上善若水, 水善利萬物而不爭, 處衆人之所惡, 故幾於道.)

13 가르침을 세우는 글

13-1.

본립도생 本立道生

근본이 바로 서면 도[방법]가 생김. 어떤 일이든 기초와 근본이 중요함을 강조하는 말.

*本 근본 본
*立 설 립(입)
*道 길 도
*生 날 생

공자가 말하였다. "입신에 의가 있으니 효도가 근본이요, 상사에 예가 있으니 슬퍼함이 근본이요, 전쟁터에 대열이 있으니 용감함이 근본이요, 나라를 다스리는 데 이치가 있으니 농사가 근본이요, 나라를 지키는 데 도가 있으니 후사가 근본이요, 재물은 생산하는 데 때가 있으니 노력이 근본이다."

13-2.

철저징청 徹底澄淸

물이 밑바닥까지 맑음. 물이 맑고 깨끗하여 바닥까지 보이듯 지극히 청렴하고 결백함을 비유적으로 이르는 말.

*徹 통할 철
*底 밑 저
*澄 맑을 징
*淸 맑을 청

『경행록』에서 말하였다. "정치의 요점은 공평과 청렴이요, 집을 크게 이루는 길은 검소와 근면이다."

13-3.

수신제가 修身齊家

몸과 마음을 닦아 수양하고 집안을 다스림.

*修 닦을 수
*身 몸 신
*齊 가지런할 제
*家 집 가

독서는 집을 일으키는 근본이요, 이치를 따름은 집을 보존하는 근본이요, 근면과 검약은 집을 다스리는 근본이요, 화목과 순종은 집안을 가지런히 하는 근본이다.

13 입교편 立敎篇

13-1.

자 왈 입 신 유 의 이 효 위 본 상 기 유 례 이
子曰 立身有義하니 而孝爲本이요 喪紀有禮하니 而
애 위 본 전 진 유 열 이 용 위 본 치 정 유 리
哀爲本이요 戰陣有列하니 而勇爲本이요 治政有理
이 농 위 본 거 국 유 도 이 사 위 본 생
하니 而農爲本이요 居國有道하니 而嗣爲本이요 生
재 유 시 이 력 위 본
財有時하니 而力爲本이니라.

*子曰: <1-1> 참조.

*喪: 친족이 죽는 일. 상사喪事.

*嗣: 대代를 잇는 아들이나 자식. 후사後嗣.

해설 이 구절은 『공자가어孔子家語』「육본六本」의 내용을 변형한 것이다. 그 내용은 다음과 같다. 공자가 말하였다. "자신을 행하는 것에는 6가지 근본이 있으니, 근본이 확립된 이후에 군자가 되는 것이다. 몸을 세우는 데 의義가 있으니, 효가 근본이 된다. 상사喪事에 예禮가 있으니, 슬픔이 근본이다. 전쟁터에 대열이 있으니, 용기가 근본이다. 나라를 다스리는 데 이치가 있으니, 농사가 근본이다. 나라를 지키는 데 도道가 있으니 후사後嗣가 근본이다. 재물을 생산하는 데 때가 있으니 노력이 근본이다.(孔子曰 行己有六本焉, 本立然後爲君子也. 立身有義矣, 而孝爲本, 喪紀有禮矣, 而哀爲本, 戰陣有列矣, 而勇爲本, 治政有理矣, 而農爲本, 居國有道矣, 而嗣爲本, 生財有時矣, 而力爲本.)"

13-2.

경 행 록 운 위 정 지 요 왈 공 여 청 성 가 지 도
景行錄云 爲政之要는 曰 公與淸이요 成家之道는
왈 검 여 근
曰 儉與勤이니라.

*景行錄: <1-7> 참조.

13-3.

독 서 기 가 지 본 순 리 보 가 지 본 근 검
讀書는 起家之本이요 循理는 保家之本이요 勤儉은
치 가 지 본 화 순 제 가 지 본
治家之本이요 和順은 齊家之本이니라.

13-4.

등고자비 登高自卑

높은 곳에 오르려면 낮은 곳에서부터 시작함. 모든 일에는 순서와 단계가 있음을 이르는 말.

*登 오를 등
*高 높을 고
*自 ~로부터 자
*卑 낮을 비

『공자삼계도』에서 말하였다. "일생의 계획은 어릴 때에 있고, 1년의 계획은 봄에 있고, 하루의 계획은 새벽에 있다. 어려서 배우지 않으면 늙어서 아는 것이 없고, 봄에 밭을 갈지 않으면 가을에 바랄 것이 없으며, 새벽에 일어나지 않으면 그 날에 할 일이 없다."

13-5.

붕우유신 朋友有信

벗과 벗 사이에는 믿음이 있어야 함.

*朋 벗 붕
*友 벗 우
*有 있을 유
*信 믿을 신

성리서에서 말하였다. "오교의 조목은 아버지와 자식 사이에는 서로 친함이 있으며, 임금과 신하 사이에는 의리가 있으며, 남편과 아내 사이에는 분별이 있으며, 어른과 어린이 사이에는 차례가 있으며, 친구 사이에는 믿음이 있는 것이다."

13-6.

부위자강 父爲子綱

부모는 자녀의 벼리[근본]가 됨.

*父 아버지 부
*爲 될 위
*子 아들 자
*綱 벼리 강

삼강은 임금이 신하의 벼리가 됨이요, 아버지는 자식의 벼리가 됨이요, 남편은 아내의 벼리가 된다는 것이다.

13-4.

공 자 삼 계 도 운 일 생 지 계 재 어 유 일 년 지 계
孔子三計圖云 一生之計는 在於幼하고 一年之計는
재 어 춘 일 일 지 계 재 어 인 유 이 불 학
在於春하고 一日之計는 在於寅이니 幼而不學이면
노 무 소 지 춘 약 불 경 추 무 소 망 인 약 불 기
老無所知요 春若不耕이면 秋無所望이요 寅若不起
일 무 소 판
면 日無所辨이니라.

해설 이 문장은 흔히 공자삼계孔子三計라고 일컬어진다.

13-5.

성 리 서 운 오 교 지 목 부 자 유 친 군 신 유 의
性理書云 五教之目은 父子有親하며 君臣有義하며
부 부 유 별 장 유 유 서 붕 우 유 신
夫婦有別하며 長幼有序하며 朋友有信이니라.

*五教: 5가지 가르침, 즉 오륜五倫.

해설 五教之目은 『주자대전朱子大全』「백록동서원게시白鹿洞書院揭示」에 나오는데, 본래 『맹자孟子』「등문공상滕文公上」편에서 오륜 관련 내용이 처음 보인다.

13-6.

삼 강 군 위 신 강 부 위 자 강 부 위 부 강
三綱은 君爲臣綱이요 父爲子綱이요 夫爲婦綱이니라.

*三綱: 3가지 근본 도리. 유교의 기본 덕목으로서 상하의 관계가 아니라 왕과 신하[君臣], 아버지와 자식[父子], 남편과 아내[夫婦] 사이에 지켜야 할 상호윤리를 가리킴.

해설 이 구절은 『백호통의白虎通義』「삼강육기三綱六紀」에서 처음 보인다. 『백호통의』는 중국 후한後漢 때 반고班固가 장제章帝의 명命을 받들어 편찬한 총 4권(44편)으로 된 책이다. 79년 장제의 명으로 여러 학자가 낙양 북쪽 궁궐인 백호관白虎觀에서 유가경전을 놓고 토론한 백호관회의白虎觀會議를 열어 붙여진 이름이다. 『백호통白虎通』 혹은 『백호통덕론白虎通德論』으로도 불린다.

13-7.

불사이군 不事二君

충성스런 신하는 두 임금을 섬기지 않음.

*不 아닐 불
*事 섬길 사
*二 두 이
*君 임금 군

왕촉이 말하였다. "충신은 두 임금을 섬기지 않고, 열녀는 두 지아비를 섬기지 않는다."

13-8.

공평무사 公平無私

공평하여 사사롭게 치우침이 없음.

*公 공평할 공
*平 평평할 평
*無 없을 무
*私 사사로울 사

충자가 말하였다. "공직을 수행함에는 공평한 것 만한 것이 없고, 재물에 임해서는 청렴만한 것이 없다."

13-9.

견선기출 見善己出

다른 사람의 착한 행동을 보면 마치 자신이 한 것처럼 기뻐함. 남들의 좋은 점을 배우려는 적극적인 자세를 이르는 말.

*見 볼 견
*善 착할 선
*己 몸 기
*出 날 출

『장사숙좌우명』에서 말하였다. "무릇 말을 반드시 충성되고 미덥게 하며, 무릇 행실을 반드시 돈독히 하고 공경히 하며, 음식을 반드시 삼가고 알맞게 하며, 글씨를 반드시 반듯하고 바르게 쓰며, 용모를 반드시 단정하고 엄숙히 하며, 의관을 반드시 엄숙하고 바르게 하며, 걸음걸이를 반드시 편안하고 조심스럽게 하며, 거처하는 곳을 반드시 바르고 정숙하게 하며, 일하는 것을 반드시 계획을 세워 시작하며, 말을 하는 것을 반드시 그 실행 여부를 생각해서 하며, 올바른 덕을 반드시 굳게 지키며, 승낙하는 것을 반드시 신중히 대응하며, 선을 보거든 자기에게서 나온 것 같이 하며, 악을 보거든 자기의 병인 것처럼 하라. 무릇 이 14가지는 모두 내가 아직 깊이 살피지 못한 것이다. 이것을 자리의 귀퉁이 해당하는 곳에 써 붙여 놓고 아침저녁으로 보고 경계하노라."

13-7.

왕 촉 왈 충 신 불 사 이 군 열 녀 불 경 이 부
王蠋曰 忠臣은 不事二君이요 烈女는 不更二夫니라.

*王蠋: 전국시대 제齊나라 사람이었는데, 자신의 나라가 연燕나라에게 멸망되자 자결함.

해설 이 구절은 『사기史記』「전단전田單傳」에 있는 다음의 내용과 같다. 왕촉이 말하였다. "충신은 두 임금을 섬기지 않고, 곧은 여인은 두 지아비를 섬기지 않으니, 내가 살아서 의리가 없기보다는 진실로 삶겨 죽는 것이 낫다."(王蠋曰 忠臣, 不事二君, 貞女, 不更二夫, 吾與其生而無義, 固不如烹.)

13-8.

충 자 왈 치 관 막 약 평 임 재 막 약 렴
忠子曰 治官엔 莫若平이요 臨財엔 莫若廉이니라.

*忠子: 누구인지 알 수 없음.

13-9.

장 사 숙 좌 우 명 왈 범 어 필 충 신 범 행 필 독
張思叔座右銘曰 凡語를 必忠信하며 凡行을 必篤
경 음 식 필 신 절 자 획 필 해 정 용 모
敬하며 飮食을 必愼節하며 字畫을 必楷正하며 容貌를
필 단 장 의 관 필 숙 정 보 리 필 안 상
必端莊하며 衣冠을 必肅整하며 步履를 必安詳하며
거 처 필 정 정 작 사 필 모 시 출 언 필
居處를 必正靜하며 作事를 必謀始하며 出言을 必
고 행 상 덕 필 고 지 연 락 필 중 응 견
顧行하며 常德을 必固持하며 然諾을 必重應하며 見
선 여 기 출 견 악 여 기 병 범 차 십 사 자 개
善如己出하며 見惡如己病하라. 凡此十四者는 皆
아 미 심 성 서 차 당 좌 우 조 석 시 위 경
我未深省이라 書此當座隅하여 朝夕視爲警하노라.

*張思叔: 이름은 장역張繹, 자字는 사숙思叔, 북송北宋의 정씨程氏 형제의 문인門人.

해설 이 구절은 『소학小學』「가언嘉言」편에 있는 내용과 같다. 출전은 『송명신언행록宋名臣言行錄』이다. 『송명신언행록』은 중국 주희朱熹가 송宋나라의 대표적인 명신名臣 97명의 언행言行을 뽑아 기록한 책으로 치세治世의 요령과 처세술이 풍부하게 담겨 있다. 오늘날 통용되고 있는 책은 주희와 이유무李幼武(?-?)의 저술 6개를 후대에 하나로 합본合本한 것이다.

13-10.

『범익겸좌우명』에서 말하였다. "첫째 조정에서의 이해와 변방으로부터의 기별소식과 관직의 임명에 대하여 말하지 말 것이요, 둘째 주현 관원의 장단과 득실에 대하여 말하지 말 것이요, 셋째 여러 사람이 저지른 악한 일을 말하지 말며, 넷째 벼슬에 나아가는 것과 기회를 따라 권세에 아부하는 일에 대하여 말하지 말 것이요, 다섯째 재리의 많고 적음이나 가난을 싫어하고 부를 구하는 것을 말하지 말며, 여섯째 음탕하고 난잡한 농지거리나 여색에 대한 평론을 말하지 말 것이요, 일곱째 남의 물건을 요구하거나 술과 음식을 구하고 찾는 일을 말하지 말 것이다. 그리고 남이 편지를 부탁하거든 뜯어보거나 지체시켜서는 안 되며, 남과 함께 앉아 있으면서 남의 사사로운 글을 엿보아서는 안 되며, 무릇 남의 집에 들어가서 남의 문자를 보지 말며, 남의 물건을 빌었을 때 손상시키거나 돌려보내지 않아서는 안 된다. 무릇 음식을 먹음에 가려서 버리거나 취해서는 안 될 것이며, 남과 같이 있으면서 제멋대로 편리만을 가려서는 안 된다. 무릇 남의 부귀를 부러워하거나 헐뜯어서는 안 된다. 무릇 이 몇 가지 일을 범하는 자가 있으면 그 마음 씀씀이의 어질지 않음을 볼 수 있으니, 마음을 보존하고 몸을 닦는 데 크게 해로운 것이 있다. 이 때문에 이 글을 써서 스스로 경계하노라."

불괴옥루 不愧屋漏

사람이 보지 않는 곳에서도 행동을 조심하고 신중히 하여 부끄럽지 않음. 옥루는 방의 서북쪽 구석진 곳. 집 안에서 가장 어둡고 구석진 곳에서도 자신의 행동과 마음가짐을 바르게 해야 함을 강조한 말.

*不 아닐 불
*愧 부끄러울 괴
*屋 집 옥
*漏 서북 모퉁이 루(누)

13-10.

범익겸좌우명왈 일불언조정리해변보차제
范益謙座右銘曰 一不言朝廷利害邊報差除요
이불언주현관원장단득실 삼불언중인소작
二不言州縣官員長短得失이요 三不言衆人所作
과악지사 사불언사진관직추시부세 오불언
過惡之事요 四不言仕進官職趨時附勢요 五不言
재이다소염빈구부 육불언음설희만평론여색
財利多少厭貧求富요 六不言淫媟戲慢評論女色
칠불언구멱인물간색주식 우인부서신
이요 七不言求覓人物干索酒食이요 又人附書信을
불가개탁침체 여인병좌 불가규인사서 범
不可開坼沈滯요 與人並坐에 不可窺人私書요 凡
입인가 불가간인문자 범차인물 불가손괴
入人家에 不可看人文字요 凡借人物에 不可損壞
불환 범끽음식 불가간택거취 여인동처
不還이요 凡喫飲食에 不可揀擇去取요 與人同處에
불가자택편리 범인부귀 불가탄선저훼 범
不可自擇便利요 凡人富貴를 不可歎羨詆毁니 凡
차수사 유범지자 족이견용의지불초 어존
此數事에 有犯之者면 足以見用意之不肖니 於存
심수신 대유소해 인서이자경
心修身에 大有所害라 因書以自警하노라.

*范益謙: 남송南宋시대 학자인 범충范□(1067~1141, 자는 원장元長)이라는 설이 있으나, 정확히는 알 수 없음.

*差除: 차差는 벼슬을 주려고 부르는 것이며, 제除는 벼슬을 내리는 것을 뜻함.

*州縣: 옛날의 행정단위로 주州는 중간 규모, 현縣은 그보다 작은 규모임.

해설 이 구절은『소학小學』「가언嘉言」편에 있는 내용과 같다. 출전은 남송南宋의 동래東萊 여조겸呂祖謙(1137-1181)이 청소년 교육을 위해 편찬한『동래변지록東萊辨志錄』이다. 이 책은『소의외전少儀外傳』으로도 불린다.

13-11.

근검절약 勤儉節約

부지런하고 검소하며 알뜰하게 재물을 아낌.

*勤 부지런할 근
*儉 검소할 검
*節 절약할 절
*約 절약할 약

무왕이 태공에게 물었다. "사람이 세상에 사는데 어찌하여 귀천과 빈부가 고르지 않을 수 있습니까? 원컨대 그것에 대해 말씀해 주시는 것을 듣고 이를 알고자 합니다." 태공이 대답하였다. "부귀는 성인의 덕과 같아서 다 천명에서 말미암거니와 부자는 쓰는 것이 절도가 있고 부유하지 않은 자는 집에 10가지 도둑이 있습니다."

13-12.

우공이산 愚公移山

어리석은 노인이 산을 옮김. 끈기 있는 노력을 통해 불가능해 보이는 일도 결국에는 이루어낼 수 있음을 이르는 말.

*愚 어리석을 우
*公 공평할 공
*移 옮길 이
*山 메 산

무왕이 말하였다. "무엇을 10가지 도둑이라고 합니까?" 태공이 대답하였다. "때맞게 익은 곡식을 거둬들이지 않는 것이 첫째의 도둑이요, 거두고 쌓는 일을 마치지 않는 것이 둘째의 도둑이요, 일없이 등불을 켜놓고 잠자는 것이 셋째의 도둑이요, 게을러서 밭 갈지 않는 것이 넷째의 도둑이요, 공력을 들이지 않는 것이 다섯째의 도둑이요, 오로지 교활하고 해로운 일만 행하는 것이 여섯째의 도둑이요, 딸을 너무 많이 기르는 것이 일곱째의 도둑이요, 대낮에 잠자고 아침에 일어나기를 게을리 하는 것이 여덟째의 도둑이요, 술을 탐하고 욕심을 즐기는 것이 아홉째의 도둑이요, 억지로 질투하는 것이 열째의 도둑입니다."

13-11.

무 왕　　문 태 공 왈　인 거 세 상　　하 득 귀 천 빈 부
武王이 問太公曰 人居世上에 何得貴賤貧富
부 등　　원 문 설 지　　욕 지 시 의　　　태 공 왈
不等고 願聞說之하여 欲知是矣로이다. 太公曰
부 귀　　여 성 인 지 덕　　개 유 천 명　　　부 자
富貴는 如聖人之德하여 皆由天命이어니와 富者는
용 지 유 절　　불 부 자　가 유 십 도
用之有節하고 不富者는 家有十盜니이다.

13-12.

무 왕 왈　하 위 십 도　　태 공 왈　시 숙 불 수　위 일 도
武王曰 何謂十盜닛고 太公曰 時熟不收 爲一盜요
수 적 불 료　위 이 도　무 사 연 등 침 수　위 삼 도　용
收積不了 爲二盜요 無事燃燈寢睡 爲三盜요 慵
나 불 경　　위 사 도　불 시 공 력　　위 오 도　전 행 교
懶不耕이 爲四盜요 不施功力이 爲五盜요 專行巧
해　위 육 도　　양 녀 태 다　위 칠 도　주 면 나 기　위 팔
害 爲六盜요 養女太多 爲七盜요 晝眠懶起 爲八
도　탐 주 기 욕　　위 구 도　강 행 질 투　위 십 도
盜요 貪酒嗜慾이 爲九盜요 強行嫉妬 爲十盜니이다.

해설 『열자列子』 「탕문湯問」편에 나오는 우공이산 이야기는 다음과 같다. 옛날 중국의 북산北山에 우공愚公이라는 노인이 살았다. 그의 집 앞에는 태항太行과 왕옥王屋이라는 큰 산이 가로막고 있어 왕래하기가 매우 불편했다. 이에 우공은 산을 옮겨 길을 내기로 결심했다. 둘레가 700리에 달하는 큰 산의 흙을 퍼 담아서 왕복하는 데만 1년이 걸리는 발해만渤海灣까지 운반하는 작업이었다. 우공이 흙을 옮기는 모습을 본 친구 지수智叟가 그만둘 것을 권유하자 우공이 말했다. "나는 늙었지만 나에게는 자식과 손자가 있고, 그들이 자자손손 대를 이어나갈 것이다. 하지만 산은 불어나지 않을 것이니, 대를 이어 일을 하다보면 언젠가는 산이 깎여 평평하게 될 날이 오겠지." 산에 살던 산신山神은 이 말을 듣고 장차 자신이 살 곳이 없어질까 두려워 천신天神에게 알렸다. 천신은 우공의 정성에 감동하여 드디어 산을 옮겨주었다. 이처럼 우공이산은 어려움에 굴하지 않고 끝까지 노력하면 목표를 이룰 수 있다는 교훈을 담고 있어서 오늘날에도 널리 사용되고 있다.

*武王(B.C.1169~1116): 주周나라 문왕文王의 아들로서 이름은 발發. 부왕父王의 유업遺業을 이어받아 아우인 주공단周公旦과 협력하여 은殷나라 주왕紂王을 멸망시키고 주왕조周王朝를 건국함.

*太公: <1-4> 참조.

*十盜: 10가지 도둑. 도둑이 물건을 훔치는 것처럼 집안에 해로움을 끼치는 10가지 잘못을 도둑으로 표현함.

13-13.

포진천물 暴殄天物

물건을 아까운 줄 모르고 마구 써 버리거나 아껴 쓰지 않고 함부로 버림. 귀한 물건이나 재능을 아무렇게나 아까운 줄 모르고 허비해 버림을 비유하는 말.

*暴 사나울 포
*殄 다할 진
*天 하늘 천
*物 물건 물

무왕이 말하였다. "집에 10가지 도둑이 없는데도 부유하지 못한 것은 어째서입니까?" 태공이 대답하였다. "그런 사람의 집에는 반드시 삼모가 있습니다." 무왕이 말하였다. "무엇을 삼모라고 이름을 붙입니까?" 태공이 대답하였다. "창고가 새고 넘치는데도 덮지 않아 쥐와 새들이 어지럽게 먹어대는 것이 첫째의 낭비요, 거두고 씨 뿌림에 때를 놓치는 것이 둘째의 낭비요, 곡식을 버리고 흩어지게 하여 더럽히고 천하게 하는 것이 셋째의 낭비입니다."

13-14.

지귀면화 智貴免禍

지혜가 소중한 것은 화를 면하게 하는 데에 있음. 지혜의 진정한 가치는 어려움을 피하고 위험에서 벗어나는 데 있음을 이르는 말.

*智 지혜 지
*貴 귀할 귀
*免면할 면
*禍 재앙 화

무왕이 물었다. "집에 삼모가 없는데도 부유하지 못한 것은 어째서입니까?" 태공이 대답하였다. "그런 사람의 집에는 반드시 일착, 이오, 삼치, 사실, 오역, 육불상, 칠노, 팔천, 구우, 십강이 있어서 그 화를 스스로 부르는 것이요, 하늘이 재앙을 내리는 것이 아닙니다."

13-13.

무왕왈 가무십도이불부자 하여 태공왈
武王曰 家無十盜而不富者는 何如닛고 太公曰
인가 필유삼모 무왕왈 하명삼모 태
人家에 必有三耗니이다. 武王曰 何名三耗닛고 太
공왈 창고루람불개 서작난식 위일모 수
公曰 倉庫漏濫不蓋하여 鼠雀亂食이 爲一耗요 收
종실시 위이모 포살미곡예천 위삼모
種失時 爲二耗요 抛撒米穀穢賤이 爲三耗니이다.

*三耗: 3가지 소모적 행위. 낭비 혹은 허비.

13-14.

무왕왈 가무삼모이불부자 하여 태공왈
武王曰 家無三耗而不富者는 何如닛고 太公曰
인가 필유일착이오삼치사실오역육불상칠노
人家에 必有一錯二誤三痴四失五逆六不祥七奴
팔천구우십강 자초기화 비천강앙
八賤九愚十强하여 自招其禍요 非天降殃이니이다.

*一錯~十强: 첫째의 잘못에서 열째의 뻔뻔함까지 모두 '잘못된 행동'을 가리키는 말.

치가교자 治家敎子

집안을 다스리고 자손을 가르침.

*治 다스릴 치
*家 집 가
*敎 가르칠 교
*子 아들 자

13-15.

무왕이 말하였다. "그 내용을 다 듣기를 원합니다." 태공이 대답하였다. "아들을 기르되 가르치지 않는 것이 첫째의 잘못이요, 어린아이를 훈도하지 않는 것이 둘째의 그릇이요, 새 며느리를 맞아들여 엄한 가르침을 행하지 않는 것이 셋째의 어리석음이요, 말하기 전에 먼저 웃는 것이 넷째의 과실이요, 부모를 봉양하지 않는 것이 다섯째의 거스름이요, 밤에 알몸으로 일어나는 것이 여섯째의 상서롭지 못함이요, 남의 활을 당기기를 좋아하는 것이 일곱째의 상스러움이요, 남의 말을 타기를 좋아하는 것이 여덟째의 천박함이요, 남의 술을 마시면서 다른 사람에게 권하는 것이 아홉째의 어리석음이요, 남의 밥을 먹으면서 벗에게 명령하는 것이 열째의 뻔뻔함입니다." 무왕이 말하였다. "매우 아름답고 진실하도다, 이 말씀이여."

13-15.

무왕왈 원실문지 태공왈 양남불교훈
武王曰 願悉聞之하나이다. 太公曰 養男不教訓이
위일착 영해불훈 위이오 초영신부불행
爲一錯이요 嬰孩不訓이 爲二誤요 初迎新婦不行
엄훈 위삼치 미어선소 위사실 불양부모
嚴訓이 爲三痴요 未語先笑 爲四失이요 不養父母
위오역 야기적신 위육불상 호만타궁
爲五逆이요 夜起赤身이 爲六不祥이요 好挽他弓이
위칠노 애기타마 위팔천 끽타주권타인
爲七奴요 愛騎他馬 爲八賤이요 喫他酒勸他人이
위구우 끽타반명붕우 위십강 무왕왈 심
爲九愚요 喫他飯命朋友 爲十强이니다. 武王曰 甚
미성재 시언야
美誠哉라 是言也여.

*嬰孩: 어린 아이.

*赤身: 옷을 입지 않은 알몸.

14 정치에 관한 글

14-1.

명도선생이 말하였다. "처음으로 벼슬을 얻은 사람이 진실로 물건을 사랑하는 데 마음을 둔다면 사람에게 반드시 구제하는 바가 있다."

절용애인 節用愛人

나라의 재물을 아껴 쓰고 백성을 사랑함. 정치 지도자가 나라의 재정을 아껴 쓰는 것은 결국 백성을 위하고 사랑하는 일이라는 뜻.

*節 절약할 절
*用 쓸 용
*愛 사랑 애
*人 사람 인

14-2.

『송태종어제』에서 말하였다 "위에는 지시하는 사람이 있고, 중간에는 다스리는 관원이 있고, 그 아래에는 지시에 따르는 백성이 있다. 예물로 받은 비단으로 옷을 지어 입고 곳간에 있는 곡식을 먹으니, 너희의 봉록은 다 백성들의 기름인 것이다. 아래에 있는 백성은 학대하기가 쉽지만, 위에 있는 푸른 하늘은 속이기 어렵다."

민고민지 民膏民脂

백성의 피와 땀을 비유적으로 이르는 말. 백성들의 피땀 어린 돈이나 곡식을 세금 명목으로 뺏는 것을 이르는 말.

*民 백성 민
*膏 기름 고
*脂 기름 지

14 치정편 治政篇

14-1.

명 도 선 생 왈 일 명 지 사 구 유 존 심 어 애 물 어
明道先生曰 一命之士 苟有存心於愛物이면 **於**
인 필 유 소 제
人에 **必有所濟**니라.

해설 이 구절은 『소학小學』 「가언嘉言」편에 있는 내용과 같다. 출전은 『이정유서二程遺書』 「명도행장明道行狀」이다. 처음 벼슬길에 나간 사람이 자기 물건을 사랑하고 아끼듯 일을 해 나간다면 반드시 다른 사람에게도 보탬이 되는 일을 할 수 있다는 뜻을 담고 있다.

*明道先生(1032~1085): 북송北宋 때의 유학자로서 성은 정程, 이름은 호顥, 자는 백순伯淳, 호는 명도明道. 왕안석王安石의 신법新法에 반대했으며, 동생 정이程頤와 함께 이정자二程子로 불림.

*一命之士: 옛날 벼슬의 품계는 일명一命부터 구명九命까지 있었으므로, 벼슬에 처음 임명된 낮은 벼슬아치를 가리키는 말.

14-2.

송 태 종 어 제 운 상 유 휘 지 중 유 승 지 하 유
宋太宗御製云 上有麾之하고 **中有乘之**하고 **下有**
부 지 폐 백 의 지 창 름 식 지 이 봉 이 록
附之하여 **幣帛衣之**요 **倉廩食之**하니 **爾俸爾祿**이
민 고 민 지 하 민 이 학 상 천 난 기
民膏民脂니라 **下民**은 **易虐**이어니와 **上天**은 **難欺**니라.

*宋太宗御製: 본래 오대五代시대 후촉後蜀의 군주 맹창孟昶이 지은 것인데, 송태종宋太宗이 이 중에서 '爾俸爾祿, 民膏民脂, 下民易虐, 上天難欺'의 16자를 직접 써서 각 지방의 관청 앞에 세워 지방관들을 경계하였기 때문에 계석戒石 혹은 계석명戒石銘이라 하였음. 이후 송태종의 어제御製[임금이 지은 글]로 알려짐.

*爾: 너. 당신. 2인칭.

*俸祿: <11-34> 참조.

14-3.

사비위빈 仕非爲貧

관리는 가난해도 녹을 먹기 위해 일하지 않음. 공직을 맡은 사람은 세상에 보탬이 되기 위해 일해야 함을 이르는 말.

*仕 벼슬 사
*非 아닐 비
*爲 위할 위
*貧 가난할 빈

『동몽훈』에서 말하였다. "관리된 자가 지켜야 할 법은 오직 3 가지가 있으니 '청렴', '신중', 그리고 '근면'이다. 이 3가지를 알면 몸가짐의 방법을 아는 것이다."

14-4.

전전긍긍 戰戰兢兢

몹시 두려워하며 조심함. 어떤 위기 상황에 처했을 때, 극도로 긴장하고 조심하며 행동하는 것을 이르는 말.

*戰 두려워할 전
*兢 두려워할 긍

관직을 담당하는 자는 반드시 갑자기 성내는 것을 경계하여, 일에 옳지 않음이 있거든 마땅히 자상하게 처리하면 반드시 맞지 않음이 없으려니와, 만약 갑자기 성내는 것을 먼저 하면 단지 스스로만을 해롭게 할 뿐이지, 어찌 남을 해칠 수 있겠는가?

14-5.

진심갈력 盡心竭力

마음을 다하고 힘을 다함. 온 마음과 힘을 다해 최선을 다하는 모습을 이르는 말.

*盡 다할 진
*心 마음 심
*竭 다할 갈
*力 힘 력(역)

임금 섬기기를 어버이 섬기는 것 같이 하며, 벼슬의 윗사람 섬기기를 형 섬기는 것 같이하며, 동료와 함께하는 것을 집안사람 같이 하며, 여러 아전 대접하기를 자기 집 노복같이 하며, 백성을 사랑하기를 처자같이 하며, 관청의 일을 처리하기를 내 집안일처럼 하고 난 뒤에야 내 마음을 다한 것일 수 있다. 만약 털끝만큼이라도 지극하지 못함이 있으면 모두 내 마음에 다하지 못한 바가 있는 것이다.

14-3.

동몽훈왈 당관지법 유유삼사 왈청 왈신
童蒙訓曰 當官之法이 **唯有三事**하니 **曰淸 曰愼**
왈근 지차삼자 즉지소이지신의
曰勤이니 **知此三者**면 **則知所以持身矣**니라.

*童蒙訓: 송宋나라 때 여본중呂本中(1084~1145, 초명은 대중大中, 자는 거인居仁, 호는 동래선생東萊先生)이 지은 책.

해설 仕非爲貧은 『맹자孟子』 「만장장구하萬章章句下」편에 나오는 말이다. 그 내용은 다음과 같다. 맹자가 말하였다. "벼슬함은 가난을 위해서가 아니지만 때로는 가난을 위한 경우가 있으며, 아내를 얻음은 봉양을 위해서가 아니지만 때로는 봉양을 위한 경우가 있다. 가난을 위해서 벼슬하는 자는 높은 자리를 사양하고 낮은 자리에 처하며, 녹봉祿俸이 많은 것을 사양하고 적은 데에 처해야 한다."(孟子曰 仕非爲貧也, 而有時乎爲貧, 娶妻非爲養也, 而有時乎爲養. 爲貧者, 辭尊居卑, 辭富居貧.)

14-4.

당관자 필이폭노위계 사유불가 당상
當官者는 **必以暴怒爲戒**하여 **事有不可**어든 **當詳**
처지 필무부중 약선폭노 지능자해
處之면 **必無不中**이어니와 **若先暴怒**면 **只能自害**라
기능해인
豈能害人이리오.

*暴怒: 폭暴은 갑자기란 뜻으로서 '일을 살펴보지 않고 갑자기 성냄'을 이르는 말.

14-5.

사군 여사친 사관장 여사형 여동료
事君을 **如事親**하며 **事官長**을 **如事兄**하며 **與同僚**를
여가인 대군리 여노복 애백성 여처
如家人하며 **待羣吏**를 **如奴僕**하며 **愛百姓**을 **如妻**
자 처관사 여가사연후 능진오지심 여
子하며 **處官事**를 **如家事然後**에 **能盡吾之心**이니 **如**
유호말부지 개오심 유소미진야
有毫末不至면 **皆吾心**에 **有所未盡也**니라.

*吏: 관직에 있는 벼슬아치. 아전衙前이라고도 함.
*如奴僕: 노복은 종살이를 하는 남자를 가리킴. '자기 집 노복같이'라는 말은 가족처럼 아낀다는 뜻임.

14-6.

어떤 사람이 물었다. "부은 령을 보좌하는 자입니다. 부가 하고자 하는 바를 현령이 혹시 따르지 않으면 어떻게 합니까?" 이천선생이 대답하였다. "마땅히 성의로써 그를 움직여야 할 것이다. 이제 현령과 부가 화목하지 않는 것은 곧 사사로운 마음으로 다투어서이다. 현령은 고을의 장관이니 만약 부형을 섬기는 도리로 섬겨서 잘못은 자신에게로 돌리고 잘한 것은 행여 현령에게로 돌아가지 않을까 두려워하여 이와 같은 성의를 쌓아간다면 어찌 사람을 감동시키지 못함이 있겠는가?"

지성감천 至誠感天

지극한 정성에는 하늘도 감동함. 무엇이든 정성을 다하면 하늘이 도와 좋은 결과를 맺는다는 뜻.

*至 지극할 지
*誠 정성 성
*感 감동할 감
*天 하늘 천

14-7.

유안례가 백성에 임하는 도리를 묻자, 명도선생이 말하였다. "백성으로 하여금 각각 그들의 뜻을 펼 수 있도록 하는 것이다." 아전을 거느리는 도리를 묻자, 대답하였다. "자기를 바르게 함으로써 남을 바르게 하는 것이다."

수기치인 修己治人

나를 수양하여 다른 사람을 다스림. 자신의 부족함을 갈고 닦아 남을 가르치고 이끄는 진정한 지도자의 자세를 표현한 말.

*修 닦을 수
*己 자기 기
*治 다스릴 치
*人 사람 인

14-8.

『포박자』에서 말하였다. "도끼를 맞더라도 바르게 간하며, 솥에 넣어지더라도 말을 극진히 하면 이것을 충신이라 말한다."

고마이간 叩馬而諫

말을 붙들고 간언함. 임금이 타고 가는 말고삐를 잡고서라도 간언하는 충신의 행동을 이르는 말.

*叩 잡아당길 고
*馬 말 마
*而 말 이을 이
*諫 간할 간

14-6.

혹문 부 좌영자야 부소욕위 영혹부종
或問 簿는 佐令者也니 簿所欲爲를 令或不從이면
내하 이천선생왈 당이성의동지 금영여
奈何닛고 伊川先生曰 當以誠意動之니라. 今令與
부불화 변시쟁사의 영 시읍지장 약능
簿不和는 便是爭私意요 令은 是邑之長이니 若能
이사부형지도 사지 과즉귀기 선즉유공
以事父兄之道로 事之하여 過則歸己하고 善則唯恐
불귀어령 적차성의 기유부동득인
不歸於令하여 積此誠意면 豈有不動得人이리오.

*簿: 낮은 벼슬 이름.
*令: 현령縣令. 현의 책임자.
*伊川先生: 북송北宋 때의 유학자인 정이程□(1033~1107)의 호號. 정이의 형인 정호程顥(1032~1085, 호는 명도明道)와 함께 주렴계周濂溪에게 학문을 배워 유학을 발전시켰으며, 보통은 형과 함께 이정자二程子로 불림. 정씨 형제의 학설을 정학程學이라고 함.

14-7.

유안례문임민 명도선생왈 사민 각득수
劉安禮問臨民한대 明道先生曰 使民으로 各得輸
기정 문어리 왈 정기이격물
其情이니라. 問御吏한대 曰 正己以格物이니라.

*劉安禮: 북송北宋 때의 사람, 자는 원소元素.

14-8.

포박자왈 영부월이정간 거정확이진언
抱朴子曰 迎斧鉞而正諫하며 據鼎鑊而盡言이면
차위충신야
此謂忠臣也이니라.

해설 이 구절은 『포박자』 「외편」에 있는 내용과 유사하다. 그 내용은 다음과 같다. "잘못을 바로잡고 임금을 보필하다가 뜻을 거스르는 사람은 사직社稷의 경骾(목에 걸린 가시)같은 사람이니 반드시 장차 도끼에 맞아 죽음을 당하더라도 바르게 간諫하며 솥에 넣어 죽게 되더라도 말을 다하되, 충성스러운데도 의심을 받고 간쟁諫諍해도 들어주지 않으면 추방을 기다릴 만하다.(匡過弼違者, 社稷之骾也, 必將伏斧鑕而正諫, 據鼎鑊而盡言, 忠而見疑, 諍而不得者, 待放可也.)"

*抱朴子: 동진東晉시대에 활동한 갈홍葛洪(283~343)이 지은 신선술神仙術과 불로장생不老長生의 비법을 전한 도교道教 서적. 갈홍의 호號가 포박자라서 붙여진 이름. 『포박자』의 「내편內篇」은 신선술 등을 설명한 것으로 도가道家의 영향을 받았으며, 「외편外篇」은 시세時世의 득실得失이나 인사人事의 가부可否 등을 설명한 것으로 황로학黃老學의 영향을 받았음.

15 집안을 다스리는 글

15-1.

사마온공이 말하였다. "무릇 손아래 사람들은 일의 크고 작음이 없이 제멋대로 행동하지 말고 반드시 가장에게 여쭈어야 한다."

독단전행 獨斷專行

남과 상의하지 않고 혼자 판단하거나 결정하여 멋대로 행동함.

*獨 홀로 독
*斷 결단할 단
*專 마음대로 전
*行 행할 행

15-2.

손님을 접대함에는 풍성하게 하지 않을 수 없으며, 가정을 다스림에는 검소하지 않을 수 없다.

진수성찬 珍羞盛饌

푸짐하게 잘 차린 맛있는 음식. 진수는 귀하고 맛좋은 음식, 성찬은 풍성하게 차려진 음식.

*珍 보배 진
*羞 맛있는 음식 수
*盛 성대할 성
*饌 음식 찬

15-3.

태공이 말하였다. "어리석은 사람은 아내를 두려워하고, 어진 여자는 남편을 공경한다."

상경여빈 相敬如賓

서로 공경하기를 손님처럼 함. 부부라 할지라도 늘 서로 존중하고 배려하며 예의를 지켜야 함을 이르는 말.

*相 서로 상
*敬 공경 경
*如 같을 여
*賓 손님 빈

15 치가편 治家篇

15-1.

사 마 온 공 왈 범 제 비 유 사 무 대 소 무 득 전 행

司馬溫公曰 凡諸卑幼 事無大小히 毋得專行하고

필 자 품 어 가 장

必咨稟於家長이니라.

*司馬溫公: <1-6> 참조.

15-2.

대 객 부 득 불 풍 치 가 부 득 불 검

待客엔 不得不豊이요 治家엔 不得不儉이니라.

*不得不: ~하지 않을 수 없음. 반드시 ~해야 함.

15-3.

태 공 왈 치 인 외 부 현 녀 경 부

太公曰 痴人은 畏婦하고 賢女는 敬夫니라.

*太公: <1-4> 참조.

해설 위 문장은 『증광현문增廣賢文』에 나오는 "痴人畏婦, 賢婦敬夫."란 구절과 비슷하다.

15-4.

혈구지도 絜矩之道

곱자를 가지고 재는 방법. 나의 마음을 잣대 삼아 남의 어려운 처지를 헤아림을 이르는 말.

*絜 헤아릴 혈
*矩 곱자 구
*之 어조사 지
*道 길 도

무릇 노복을 부림에는 먼저 배고픔과 추위를 생각하라.

15-5.

상화하목 上和下睦

윗사람은 온화하고 아랫사람은 화목함. 위에서는 아래를 사랑해 주고, 아래에서는 위를 공경하여 위아래가 서로 화목을 이룸.

*上 윗 상
*和 화할 화
*下 아래 하
*睦 화목할 목

자식이 효도하면 어버이가 즐겁고, 집안이 화목하면 모든 일이 이루어진다.

15-6.

곡돌사신 曲突徙薪

굴뚝을 구부리고 땔감을 옮김. 곡돌은 굴뚝을 구부려 연기가 잘 빠져나가도록 만드는 것, 사신은 아궁이 근처에 쌓여 있는 땔감을 옮기는 것. 작은 위험이라도 미리 예방해야 큰 화를 막을 수 있음을 이르는 말.

*曲 굽을 곡
*突 굴뚝 돌
*徙 옮길 사
*薪 땔감 신

때때로 불이 나는 것을 막고, 밤마다 도적이 오는 것을 방비하라.

15-4.

범 사 노 복　선 념 기 한
凡使奴僕에 先念飢寒이니라.

*奴僕: <14-5> 참조.

15-5.

자 효 쌍 친 락　가 화 만 사 성
子孝雙親樂이요 家和萬事成이니라.

*雙親: 양친兩親. 부모父母.

15-6.

시 시 방 화 발　야 야 비 적 래
時時防火發하고 夜夜備賊來니라.

15-7.

『경행록』에서 말하였다. "아침저녁의 이르고 늦음을 보아서 그 사람의 집이 흥하고 쇠함을 알 수 있다."

각고면려 刻苦勉勵

뼈를 깎고 괴로워도 힘써 노력함. 고생을 무릅쓰고 몸과 마음을 다하여 애써 노력함.

*刻 깎을 각
*苦 괴로울 고
*勉 힘쓸 면
*勵 힘쓸 려(여)

15-8.

문중자가 말하였다. "혼인하고 장가드는 데 재물을 논하는 것은 오랑캐의 도리이다."

본말전도 本末顚倒

사물의 근본과 말단이 뒤바뀌었음. 일의 근본은 잊어버리고 사소한 부분에만 얽매여 순서나 위치가 뒤죽박죽이 된 상태를 비유적으로 이르는 말.

*本 근본 본
*末 끝 말
*顚 뒤집힐 전
*倒 거꾸로 될 도

15-7.

경 행 록 운 관 조 석 지 조 안 가 이 복 인 가 지 흥

景行錄云 觀朝夕之早晏하여 **可以卜人家之興**

체

替니라.

*景行錄: <1-7> 참조.

15-8.

문 중 자 왈 혼 취 이 논 재 이 로 지 도 야

文中子曰 婚娶而論財는 **夷虜之道也**니라.

*文中子: 중국 수隋나라의 사상가로서 당나라 왕발王勃의 조부祖父인 왕통王通(584~617: 자는 중엄仲淹)이 죽은 후에 그의 제자들이 지어준 시호諡號.

해설 왕통王通의 제자들은 『주역』 곤괘坤卦䷁ 육오효六五爻에서 "상전에서 말하였다. 황색 치마처럼 하면 크게 길함은 문채文彩가 가운데 있는 것이다."(象曰 黃裳元吉, 文在中也.)는 구절을 참고하여 '문중文中'이란 시호를 지었다. 왕통은 어려서부터 시詩·서書·예禮·역易에 통달하였으며, 스스로 유자儒者임을 자부하고 강학講學과 제자양성에 힘써 두여회杜如晦, 위징魏徵 등 훌륭한 제자들을 배출했다. 저서로는 『문중자文中子』(10권)이 있는데, 제자들과의 문답을 기록한 것으로 『논어』를 본받아 지었다. 위 문장은 『문중자』 「사군事君」편에 나온다.

16 의리에 편안한 글

16-1.

『안씨가훈』에서 말하였다. "사람이 있은 후에 부부가 있고, 부부가 있은 후에 부자가 있고 부자가 있은 뒤에 형제가 있나니, 한 집의 친한 관계는 이 3가지뿐이다. 이로부터 나아가 구족에 이르기까지 모두 이 삼친에 근본한다. 그러므로 인륜에 있어서 가장 중요한 것이니 돈독하게 하지 않을 수 없다."

부창부수 夫唱婦隨

남편이 앞서 노래하면 아내가 따라 부름. 남편이 어떤 일을 시작하면 아내가 그 일을 도와가며 서로 협동하고 화합하는 모습. 부부간에 뜻이 잘 맞거나 행동이 일치하는 부부를 표현하는 말.

*夫 남편 부
*唱 노래 부를 창
*婦 부인 부
*隨 따를 수

16-2.

장자가 말하였다. "형제는 수족이 되고 부부는 의복이 되니, 의복이 떨어졌을 때는 새 것으로 갈아입을 수 있지만 수족이 잘라진 곳은 잇기가 어렵다."

수족지애 手足之愛

손과 발의 사랑. 손과 발처럼 가깝고 허물없는 형제간의 우애를 뜻하는 말. 형제자매끼리 서로 아끼고 사랑하며 돕는 모습을 비유적으로 이르는 말.

*手 손 수
*足 발 족
*之 어조사 지
*愛 사랑 애

16-3.

소동파가 말하였다. "부유해도 가까이하지 않으며 가난해도 멀리하지 않음 이것이 바로 인간으로서 대장부요, 부유하면 나아가고 가난해지면 멀리하는 것 이는 인간 중에 참으로 소인배이다."

추염부열 趨炎附熱

따뜻한 것을 좇음. 권세 있는 사람에게 아부하는 것을 비유적으로 이르는 말.

*趨 뒤쫓을 추
*炎 불꽃 염
*附 붙을 부
*熱 더울 열

16 안의편 安義篇

16-1.

안씨가훈왈 부유인민이후 유부부 유부부
顔氏家訓曰 夫有人民而後에 有夫婦하고 有夫婦
이후 유부자 유부자이후 유형제 일가
而後에 有父子하고 有父子而後에 有兄弟하니 一家
지친 차삼자이이의 자자이왕 지우구족
之親은 此三者而已矣라 自茲以往으로 至于九族히
개본어삼친언 고 어인륜 위중야 불가
皆本於三親焉이라 故로 於人倫에 爲重也니 不可
부독
不篤이니라.

*顔氏家訓: 제齊나라 안지추顔之推(531~591)가 지었으며 2권으로 되어 있는 가훈서家訓書.
*九族: 고조高祖 이하 고손高孫까지의 모든 친척을 통틀어 일컫는 말.
*三親: 부부夫婦·부자父子·형제兄弟를 가리킴.

16-2.

장자왈 형제 위수족 부부 위의복 의
莊子曰 兄弟는 爲手足하고 夫婦는 爲衣服이니 衣
복파시 갱득신 수족단처 난가속
服破時엔 更得新이어니와 手足斷處엔 難可續이니라.

*莊子: <1-3> 참조.

16-3.

소동파운 부불친혜빈불소 차시인간대장부
蘇東坡云 富不親兮貧不疎는 此是人間大丈夫요
부즉진혜빈즉퇴 차시인간진소배
富則進兮貧則退는 此是人間眞小輩니라.

*蘇東坡: <12-16> 참조.
*大丈夫: <5-2> 참조.

17 예를 따르는 글

17-1.

공자가 말하였다. "집안에 예가 있어서 어른과 어린이가 구분이 되고, 안방에 예가 있어서 삼족이 화목하고, 조정에 예가 있어서 벼슬의 차례가 있고, 사냥하는 데 예가 있어서 군대의 일이 숙달되고, 군대에 예가 있어서 무공이 이루어진다."

예불가폐 禮不可廢

예는 없앨 수 없음. 어떠한 시간과 장소라도 예의는 반드시 지켜져야 한다는 말.

*禮 예절 예(례)
*不 아닐 불
*可 옳을 가
*廢 무너질 폐

17-2.

공자가 말하였다. "군자가 용맹만 있고 예절이 없으면 난리를 일으키고, 소인이 용맹만 있고 예절이 없으면 도둑질을 한다."

필부지용 匹夫之勇

깊은 생각 없이 혈기만 믿고 함부로 부리는 소인의 용기.

*匹 천한 사람 필
*夫 남자 부
*之 어조사 지
*勇 용기 용

17 준례편 遵禮篇

17-1.

자 왈 거 가 유 례 고 장 유 변 규 문 유 례 고
子曰 居家有禮故로 **長幼辨**하고 **閨門有禮故**로
삼 족 화 조 정 유 례 고 관 작 서 전 렵 유 례 고
三族和하고 **朝廷有禮故**로 **官爵序**하고 **田獵有禮故**
융 사 한 군 여 유 례 고 무 공 성
로 **戎事閑**하고 **軍旅有禮故**로 **武功成**이니라.

해설 이 구절은 『예기禮記』 「중니연거仲尼燕居」편에 있는 다음의 구절과 비슷하다. 공자가 말하였다. "교사郊社의 뜻과 상체嘗禘의 예禮에 밝다면 나라를 다스리는 일은 마치 손바닥 위를 가리키는 것과 같은 것이다. 이 때문에 이것을 쓰면 거처함에 예가 있어서 어른과 어린이가 변별되고, 이것을 쓰면 안방에 예가 있어서 삼족이 화목하고, 이것을 쓰면 조정에 예가 있어서 벼슬의 차례가 있고, 이것을 쓰면 사냥하는 데 예가 있어서 군대의 일이 숙달되고, 이것을 쓰면 군대에 예가 있어서 무공武功이 이루어진다."(子曰 明乎郊社之義, 嘗禘之禮, 治國, 其如指諸掌而已乎. 是故, 以之居處有禮故, 長幼辨也, 以之閨門之內有禮故, 三族和也, 以之朝廷有禮故, 官爵序也, 以之田獵有禮故, 戎事閑也, 以之軍旅有禮故, 武功成也.)

*閨門: 부녀婦女가 거처居處하는 곳[안방].

*三族: 3가지 친족親族으로서 ①부모父母, 형제兄弟, 처자妻子 ②부父, 자子, 손孫 ③부계父系[본가本家], 모계母系[외가外家], 처계妻系[처가妻家] 등을 가리키는데, 본문에서는 모든 가족을 지칭함.

17-2.

자 왈 군 자 유 용 이 무 례 위 난 소 인 유 용 이 무
子曰 君子有勇而無禮면 **爲亂**하고 **小人有勇而無**
례 위 도
禮면 **爲盜**니라.

해설 이 구절은 『논어論語』 「양화陽貨」편에 있는 다음의 구절과 비슷하다. 자로가 말하였다. "군자가 용맹을 숭상합니까?" 공자가 말하였다. "군자는 의義를 으뜸으로 삼는다. 군자가 용맹만 있고 의가 없으면 난리를 일으키고, 소인이 용맹만 있고 의가 없으면 도적질을 할 것이다."(子路曰 君子尙勇乎. 子曰 君子義以爲上, 君子有勇而無義, 爲亂, 小人, 有勇而無義, 爲盜.)

17-3.

증자가 말하였다. "조정에는 벼슬만한 것이 없고, 마을에는 나이만 한 것이 없으며, 세상을 돕고 백성을 다스리는 데는 덕만한 것이 없다."

풍행초언 風行草偃

바람이 불면 풀이 누움. 임금이 덕으로 백성을 다스리면 백성이 순순히 따름을 비유적으로 이르는 말.

*風 바람 풍
*行 갈 행
*草 풀 초
*偃 누울 언

17-4.

늙은이와 젊은이, 어른과 아이는 하늘이 정한 차례이니, 이치를 어기고 도를 해쳐서는 안 된다.

장유유서 長幼有序

어른과 아이 사이에 차례와 질서가 있음. 나이 많은 사람과 젊은 사람 사이에는 존중과 예절을 지켜야 한다는 뜻.

*長 어른 장
*幼 어릴 유
*有 있을 유
*序 차례 서

17-5.

문을 나갈 때는 큰손님을 만나는 것과 같이 하고, 방으로 들어갈 때는 사람이 있는 것과 같이 하라.

계신공구 戒愼恐懼

경계하고 삼가며 조심하고 두려워하는 것. 자신의 언행에 대해 끊임없이 경계하고 조심하며 두려워하는 마음가짐을 잃지 않음을 이르는 말.

*戒 경계할 계
*愼 삼갈 신
*恐 두려워할 공
*懼 두려워할 구

17-3.

증 자 왈 조 정 막 여 작 향 당 막 여 치 보 세

曾子曰 朝廷엔 **莫如爵**이요 **鄕黨**엔 **莫如齒**요 **輔世**

장 민 막 여 덕

長民엔 **莫如德**이니라.

해설 이 구절은 『맹자孟子』 「공손추하公孫丑下」편에 있는 다음의 구절과 비슷하다. 『맹자』에서는 맹자의 말로 기록되어 있으나, 여기에서는 증자가 한 말로 되어 있다. "천하에 어디에서나 높은 것이 3가지가 있으니, 관작이 하나이고, 나이가 하나이고, 덕이 하나이다. 조정에는 벼슬만한 것이 없고, 마을에는 나이만한 것이 없으며, 세상을 돕고 백성을 다스리는 데는 덕만한 것이 없으니, 어찌 그 한 가지를 소유하고서 둘을 가진 사람을 업신여길 수 있겠는가?"(天下, 有達尊三, 爵一齒一德一, 朝廷, 莫如爵, 鄕黨, 莫如齒, 輔世長民, 莫如德. 惡得有其一, 以慢其二哉.)

*曾子: 춘추시대 노나라 사람, 공자의 제자로서 이름은 삼參, 자는 자여子輿, 『대학大學』과 『효경孝經』을 지음.

*鄕黨: 시대에 따라 약간의 차이가 있으나 향鄕은 대략 12,500 가구의 마을, 당黨은 500 가구의 마을을 가리키지만 보통은 '작은 마을'을 뜻하는 한 단어로 사용함.

17-4.

노 소 장 유 천 분 질 서 불 가 패 리 이 상 도 야

老少長幼는 **天分秩序**니 **不可悖理而傷道也**니라.

*天分: 하늘이 나누어 부여한 사람의 본성本性이나 천성天性. 여기에서는 장유유서長幼有序와 같은 연장자에 대한 도리는 저버릴 수 없다는 뜻.

17-5.

출 문 여 견 대 빈 입 실 여 유 인

出門에 **如見大賓**하고 **入室**에 **如有人**이니라.

해설 '出門如見大賓'은 『논어』 「안연顔淵」편에 있는 구절이다. 자세한 내용은 <12-34> 참조.

17-6.

욕존선겸 欲尊先謙

남에게 존경받고자 하면 먼저 겸손해야 함. 내가 다른 사람에게 존경받고 싶다면 먼저 겸손한 태도를 가져야 한다는 말.

*欲 하고자 할 욕
*尊 높을 존
*先 먼저 선
*謙 겸손할 겸

만약 남이 나를 존중하기를 바란다면, 내가 먼저 남을 존중하는 것보다 좋은 것이 없다.

17-7.

자위부은 子爲父隱

자식은 아버지를 위해 나쁜 점을 숨겨줌. 잘못을 저지른 부모를 자식이 감싸주고 숨겨주는 것은 부모에 대한 자식의 자연스러운 도리라는 뜻.

*子 아들 자
*爲 위할 위
*父 아버지 부
*隱 숨길 은

아버지는 아들의 덕을 말하지 않으며, 자식은 아버지의 허물을 말하지 않는 법이다.

17-6.

약 요 인 중 아 무 과 아 중 인
若要人重我인대 **無過我重人**이니라.

*重: 존중尊重.

해설 위 문장과 관련된 내용은 <12-34> 참조.

17-7.

부 불 언 자 지 덕 자 부 담 부 지 과
父不言子之德하며 **子不談父之過**니라.

*過: 허물. 잘못. 과오過誤.

해설 『논어』「자로子路」편에 위 문장과 비교하며 읽어 볼만한 구절이 있다. 그 내용은 다음과 같다. 섭공이 공자에게 말했다. "우리 고을에 정직한 사람이 있는데, 아버지가 양羊을 훔치자 그의 아들이 그것을 고발했습니다." 공자가 말했다. "우리 고을의 정직한 사람은 이와 다릅니다. 아버지는 자식을 위해 숨겨주고 자식은 아버지를 위해 숨겨주니, 정직함은 그 가운데 있습니다."(葉公語孔子曰 吾黨, 有直躬者, 其父攘羊, 而子證之. 孔子曰 吾黨之直者, 異於是, 父爲子隱, 子爲父隱, 直在其中矣.)

18 언어에 관한 글

18-1.

유회가 말하였다. "말이 이치에 맞지 않으면, 말하지 아니함만 못하다."

삼복백규 三復白圭

백규를 세 번 반복함. 말을 신중하게 하라는 뜻. 삼복은 세 번 반복함, 백규는 시詩의 제목.

*三 석 삼
*復 반복할 복
*白 흰 백
*圭 홀 규

18-2.

한 마디 말이 이치에 맞지 않으면, 천 마디 말이 쓸모가 없다.

불수다언 不須多言

여러 말을 할 필요가 없음. 꼭 필요한 말만 한다면 굳이 많은 말이 필요 없다는 뜻.

*不 아닐 불
*須 필요할 수
*多 많을 다
*言 말씀 언

18-3.

군평이 말하였다. "입과 혀는 재앙과 근심의 문이요, 몸을 망치는 도끼이다."

다언삭궁 多言數窮

말이 많으면 자주 곤란한 처지에 빠짐.

*多 많을 다
*言 말씀 언
*數 자주 삭
*窮 다할 궁

18 언어편 言語篇

18-1.

유 회 왈 언 부 중 리 불 여 불 언
劉會曰 言不中理면 **不如不言**이니라.

*劉會: 자세한 내용은 알 수 없음.

해설 三復白圭는 『논어』 「선진先進」편에 나오는 말이다. 그 내용은 다음과 같다. "남용南容이 백규란 내용의 시詩를 세 번 반복해 외우니, 공자가 그 형님의 딸로 처를 삼아 주었다."(南容, 三復白圭, 孔子, 以其兄之子, 妻之.) 남용은 언행에 매우 신중한 공자의 제자였다. 그가 외운 백규라는 시는 본래 위무공衛武公이 말을 삼가기 위하여 지은 것인데, 그 내용은 이렇다. "하얀 옥玉의 결점은 그런대로 갈아 없앨 수 있지만, 말의 결점은 어찌할 수 없도다."(『시경詩經』 「대아大雅·억抑」편: 白圭之玷, 尙可磨也, 斯言之玷, 不可爲也.) 이처럼 공자는 말을 삼가는 남용을 높이 평가하고, 형의 사위(조카사위)로 삼게 했다. 좋은 것을 형에게 양보하는 공자의 어진 모습도 엿볼 수 있다.

18-2.

일 언 부 중 천 어 무 용
一言不中이면 **千語無用**이니라.

18-3.

군 평 왈 구 설 자 화 환 지 문 멸 신 지 부 야
君平曰 口舌者는 **禍患之門**이요 **滅身之斧也**니라.

*君平: 중국 전한前漢 무제武帝 때 사람으로서 성은 엄嚴, 이름은 준遵, 자는 군평君平.

해설 多言數窮은 『도덕경』 5장에 나오는 말이다. 그 내용은 다음과 같다. "말이 많으면 궁해지기 쉬우니, 속마음을 간직한 채 침묵함이 어떨까?"(多言數窮, 不如守中.)

18-4.

사람을 이롭게 하는 말은 따뜻하기가 솜과 같고, 사람을 해치는 말은 날카롭기가 가시 같아서, 한 마디 말로 사람을 이롭게 함은 값어치가 천금과 같고, 한 마디 말로 사람을 해침은 아프기가 칼로 베는 것과 같다.

인언이박 仁言利博

어진 말은 이로움이 넓음. 덕이 있는 사람의 말은 많은 사람들에게 유익하다는 뜻.

*仁 어질 인
*言 말씀 언
*利 이로울 이(리)
*博 넓을 박

18-5.

입은 사람을 상하게 하는 도끼요 말은 혀를 베는 칼이니, 입을 막고 혀를 깊이 감추면 몸을 편안히 함이 가는 곳마다 확고할 것이다.

설저유부 舌底有斧

혀 아래에 도끼가 들어 있음. 말을 잘못하면 재앙을 불러올 수 있으므로 항상 삼가라는 뜻.

*舌 혀 설
*底 밑 저
*有 있을 유
*斧 도끼 부

18-6.

사람을 만나거든 우선 말을 3할 만하되 자기가 지니고 있는 한 조각의 마음을 다 털어 놓지 말아야 한다. 호랑이 세 마리의 아가리가 두려운 것이 아니라 단지 사람의 두 마음이 두렵다.

택언택행 擇言擇行

잘 가려서 말하고 분별력 있게 행동함. 잘 분별하여 언행에 신중해야 함을 이르는 말.

*擇 선택할 택
*言 말씀 언
*行 행할 행

18-7.

술은 나를 알아주는 친구를 만나면 천 잔도 적고, 말은 시기에 맞지 않으면 한 마디도 많다.

언다필실 言多必失

말이 많으면 반드시 실수함. 말이 많을수록 실수할 가능성이 높아지기 때문에 신중하게 말하라는 뜻.

*言 말씀 언
*多 많을 다
*必 반드시 필
*失 잃을 실

18-4.

利人之言은 煖如綿絮하고 傷人之語는 利如荊棘하여 一言利人에 重値千金이요 一語傷人에 痛如刀割이니라.

해설 위 문자에 나오는 荊棘에 관해서는 안중근安重根 의사義士(1879~1910)가 옥중獄中에서 쓴 "하루라도 독서하지 않으면 입 속에 가시가 돋는다."(一日不讀書, 口中生荊棘.)라는 구절이 유명하다.

*荊棘: 나무 가시. 어려운 상황이나 고난 혹은 다른 사람을 상처를 입히는 것으로 자주 비유됨.

18-5.

口是傷人斧요 言是割舌刀니 閉口深藏舌이면 安身處處牢니라.

*牢: 확고함.

18-6.

逢人에 且說三分話하고 未可全抛一片心이니 不怕虎生三個口요 只恐人情兩樣心이니라.

*三分: 3할割. 3/10.
*個: 물건의 개수. 사람 수
*樣: 모양. 종류.

18-7.

酒逢知己千鍾少요 話不投機一句多니라.

*鍾: 술잔.
*機: 알맞은 시기.

19 친구 사귐에 관한 글

19-1.

공자가 말하였다. "선한 사람과 같이 거처하면 향기 나는 풀과 난초가 있는 방안에 들어간 것과 같아서 오래되면 그 냄새를 맡지 못하나 곧 그 향기와 더불어 동화되고, 선하지 못한 사람과 같이 있으면 생선 가게에 들어간 것과 같아서 오래되면 그 악취를 맡지 못하나 또한 그 냄새와 더불어 동화되나니, 붉은 단사가 지닌 것은 붉고 옻이 지닌 것은 검다. 그러므로 군자는 반드시 그 함께 있을 사람을 삼가야 한다."

지란지교 芝蘭之交

지초와 난초의 교제. 벗과 벗의 진실하고 고상한 사귐을 향기에 비유하여 이르는 말.

*芝 영지 지
*蘭 난초 란(난)
*之 어조사 지
*交 사귈 교

19-2.

『가어』에서 말하였다. "좋은 사람과 동행하면 마치 안개 속을 가는 것과 같아서 비록 옷은 젖지 않더라도 항상 윤택함이 있고, 무식한 사람과 동행하면 마치 뒷간에 앉은 것 같아서 비록 옷은 더럽히지 않더라도 항상 그 냄새를 맡게 된다."

근묵자흑 近墨者黑

먹을 가까이 하는 사람은 검게 됨. 사람은 주변 환경에 영향을 받기 때문에 행실이 좋지 못한 사람과 어울리게 되면 자신도 모르게 나쁜 영향을 받을 수 있음을 경계하는 말.

*近 가까울 근
*墨 먹 묵
*者 사람 자
*黑 검을 흑

19 교우편 交友篇

19-1.

자 왈 여선인거 여입지란지실 구이불문기
子曰 與善人居면 如入芝蘭之室하여 久而不聞其
향 즉여지화의 여불선인거 여입포어지
香이나 卽與之化矣요 與不善人居면 如入鮑魚之
사 구이불문기취 역여지화의 단지소장
肆하여 久而不聞其臭나 亦與之化矣니 丹之所藏
자 적 칠지소장자 흑 시이 군자
者는 赤하고 漆之所藏者는 黑이라 是以로 君子는
필신기소여처자언
必愼其所與處者焉이니라.

*芝蘭: 영지靈芝와 난초蘭草. 향기가 나는 대표적인 식물. 지초와 난초의 향기로 인해 친구끼리 '향기로운 사귐'이란 뜻으로 지란지교芝蘭之交라는 사자성어가 만들어짐.

*丹: 붉은 색을 띤 돌이나 모래. 천연 물감으로 사용되는 단사丹砂.

19-2.

가어운 여호인동행 여무로중행 수불습
家語云 與好人同行이면 如霧露中行하여 雖不濕
의 시시유윤 여무식인동행 여측중좌
衣라도 時時有潤하고 與無識人同行이면 如厠中坐
수불오의 시시문취
하여 雖不汚衣라도 時時聞臭니라.

*家語: <12-5> 참조.

19-3.

공자가 말하였다. "안평중은 사람과 사귀기를 잘한다. 오래되어도 상대방을 공경하는구나!"

구이경지 久而敬之

사람을 사귄지 오래되어도 그를 공경함. 처음에는 상대를 공경하다가 시간이 지나면 자칫 공경하는 마음을 잃게 됨을 경계한 말.

*久 오랠 구
*而 말 이을 이
*敬 공경할 경
*之 어조사 지

19-4.

서로 얼굴을 아는 사람은 온 세상에 가득하지만, 마음을 알아주는 사람이 몇이나 되겠는가?

세무지음 世無知音

세상에 자신을 알아주는 사람이 없음. 지음은 마음을 알아주는 사람. 자신의 속마음을 알아주는 사람이 없음을 한탄하는 말.

*世 세상 세
*無 없을 무
*知 알 지
*音 소리 음

19-5.

술이나 음식을 함께할 때 형제 같은 친구는 많으나, 급하고 어려울 때 도와줄 친구는 한 명도 없다.

문경지교 刎頸之交

친구를 위해 목이 잘린다 해도 후회하지 않을 정도의 우정. 하나뿐인 목숨을 내어줄 수 있을 정도의 깊은 우정을 비유적으로 이르는 말.

*刎 목 벨 문
*頸 목 경
*交 사귈 교

19-3.

자 왈 안 평 중 선 여 인 교 구 이 경 지

子曰 晏平仲은 善與人交로다 久而敬之온여

*晏平仲(B.C.578~500): 춘추시대 제齊나라 대부大夫로서 경공景公을 도와 패업霸業을 이룬 정치가이며 사상가. 이름은 영嬰, 자는 중仲, 시호諡號는 평平, 흔히 안평중晏平仲이라고 함. 안자晏子라고 높여 부르기도 하는데, 저서로는 『안자춘추晏子春秋』가 있음.

해설 이 구절은 『논어論語』 「공야장公冶長」편에 있는 내용과 같다. 안평중은 제齊나라의 상대부上大父를 지낸 안약晏弱의 아들로서 아버지가 죽자 상대부의 지위를 이어받았다. 공자가 제나라에 있을 때에 안평중과 같이 8년을 지냈던 경험이 있어서 그를 잘 알고 있었다. 당시 제경공齊景公은 공자를 등용하려했으나, 안평중의 반대로 이루어지지 않았다. 그러나 공자는 검소하고 언행에 신중했던 안평중을 좋게 평가했다.

19-4.

상 식 만 천 하 지 심 능 기 인

相識이 滿天下하되 知心能幾人고

해설 世無知音은 백아伯牙와 종자기鍾子期의 고사故事에서 유래했다. 춘추시대, 거문고의 명수로 이름 높은 백아에게는 그 소리를 누구보다 잘 감상해 주는 친구 종자기가 있었다. 백아가 거문고를 타며 높은 산과 큰 강의 분위기를 그려 내면 옆에서 귀를 기울이고 있던 종자기의 입에서는 탄성이 터져 나왔다. "아, 멋지다. 하늘 높이 우뚝 솟은 그 느낌은 마치 태산같군." 혹은 "응, 훌륭해. 넘칠 듯이 흘러가는 그 느낌은 마치 황하같군." 이처럼 두 사람은 마음이 통하는 연주자였고 청취자였으나 불행히도 종자기가 병으로 죽고 말았다. 그러자 백아는 절망한 나머지 거문고의 줄을 끊고 다시는 연주하지 않았다고 한다. '자기를 알아주다'는 뜻의 지기知己를 가리켜 지음知音이라고 일컫는 이 고사 때문이다. '백아가 거문고 줄을 끊다'는 백아절현伯牙絕絃이란 말도 여기에서 유래하였다.

19-5.

주 식 형 제 천 개 유 급 난 지 붕 일 개 무

酒食兄弟는 千個有로되 急難之朋은 一個無니라.

*個: <18-6> 참조.

19-6.

손자삼우 損者三友

사귀면 손해가 되는 세 종류의 벗.

*損 손해 손
*者 사람 자
*三 석 삼
*友 벗 우

열매를 맺지 않는 꽃은 심으려 하지 말고, 의리 없는 친구는 사귀지 말라.

19-7.

담수지교 淡水之交

물과 같이 맑고 깨끗한 사귐. 교양이 있는 군자의 교제를 비유적으로 이르는 말.

*淡 맑을 담
*水 물 수
*之 어조사 지
*交 사귈 교

군자의 사귐은 담박하기가 물 같고, 소인의 사귐은 달콤하기가 단술 같다.

19-8.

선극유종 鮮克有終

처음 마음을 끝까지 유지하는 사람은 많지 않음. 좋은 성과를 기대하는 마음을 표현한 말.

*鮮 드물 선
*克 능할 극
*有 있을 유
*終 마칠 종

길이 멀어야 말의 힘을 알고, 날이 오래되어야 사람의 마음을 안다.

19-6.

불결자화 휴요종 무의지붕 불가교

不結子花는 休要種이요 無義之朋은 不可交니라.

*子: 씨. 종자種子.

*種: 씨를 뿌림. 식물을 심음.

해설 損者三友는 『논어』 「계씨季氏」편에 나오는 말이다. 그 내용은 다음과 같다. 공자가 말했다. "유익한 것이 3가지 벗이고, 손해되는 것이 3가지 벗이니, 곧은 이를 벗하며, 성실한 이를 벗하며, 보고 들은 것이 많은 이를 벗하면 유익하고, 편벽된 이를 벗하며, 유순하기만 한 이[의지가 나약한 이]를 벗하며, 말만 잘하는 이를 벗하면 손해가 된다."(孔子曰 益者三友, 損者三友, 友直, 友諒, 友多聞, 益矣, 友便辟, 友善柔, 友便佞, 損矣.)

19-7.

군자지교 담여수 소인지교 감약례

君子之交는 淡如水하고 小人之交는 甘若醴니라.

*淡: 담백淡白. 담박淡泊.

해설 위 문장은 『증광현문增廣賢文』에 나오는 "君子之交淡以成, 小人之交甘以壞." 이란 구절 비슷하다.

19-8.

노요지마력 일구견인심

路遙知馬力이요 日久見人心이니라.

해설 鮮克有終은 『시경』 「대아大雅·탕蕩」편에 나오는 말이다. 그 내용은 다음과 같다. "하늘이 뭇 백성을 내셨는데 그 명령이 믿음직하지 못한 것은 처음에는 선하지 않는 이가 없지만 잘 끝마치는 이가 드물기 때문이다."(天生蒸民, 其命匪諶, 靡不有初, 鮮克有終.)

20 부인의 행실에 관한 글

20-1.

『익지서』에서 말하였다. “여자에게는 네 가지 덕의 칭찬이 있으니, 첫째 부덕이요, 둘째 부용이요, 셋째 부언이요, 넷째 부공이다.”

현모양처 賢母良妻

어진 어머니이자 좋은 아내. 전통적인 여성상으로서 가정에서 자녀 교육과 남편 내조를 잘하는 이상적인 여성을 이르는 말.

*賢 어질 현
*母 어머니 모
*良 어질 양(량)
*妻 아내 처

20-2.

부덕은 반드시 재주와 이름이 뛰어남을 말하는 것은 아니요, 부용은 반드시 얼굴이 아름답고 고움을 말하는 것이 아니요, 부언은 반드시 구변이 좋고 말 잘하는 것은 아니요, 부공은 반드시 손재주가 다른 사람보다 뛰어남을 말하는 것은 아니다.

요조숙녀 窈窕淑女

말과 행동이 품위가 있으며 얌전하고 정숙한 여자.

*窈 그윽할 요
*窕 정숙할 조
*淑 맑고 깊을 숙
*女 여자 녀(여)

20-3.

그 부덕은 맑고 곧고 청렴하고 절개가 있어 분수를 지키고 몸가짐을 바르게 하며, 행동거지에 염치가 있고 동정에 법도가 있는 것이니, 이것이 부덕이다. 부용은 먼지나 때를 깨끗이 빨아 옷차림을 정결하게 하며, 목욕을 제때에 하여 몸에 더러움이 없게 하는 것이니, 이것이 부용이다. 부언은 본받을 만한 것을 가려 말하며 예의에 어긋나는 말은 하지 않고, 꼭 해야 할 때가 된 뒤에 말해서 사람들이 그 말을 싫어하지 않는 것이니, 이것이 부언이다. 부공은 오로지 길쌈을 부지런히 하고 마늘과 술을 좋아하지 않으며, 맛있는 음식을 갖추어 손님을 받드는 것이니, 이것이 부공이다.

내윤외랑 內潤外朗

사람이 갖추고 있는 내적인 아름다움과 외적인 능력을 이르는 말. 옥의 광택이 안에 함축된 것을 내윤, 광택이 밖으로 나타난 것을 외랑이라고 함. 사람의 재주와 덕을 높이 평가하는 말.

*內 안 내
*潤 빛날 윤
*外 바깥 외
*朗 밝을 랑(낭)

20 부행편 婦行篇

20-1.

익지서운 여유사덕지예 일왈부덕 이왈

益智書云 女有四德之譽하니 一曰婦德이요 二曰

부용 삼왈부언 사왈부공야

婦容이요 三曰婦言이요 四曰婦工也니라.

*婦容: 여인의 용모나 겉모습.

*婦工: 여인의 솜씨나 재능.

20-2.

부덕자 불필재명절이 부용자 불필안색미

婦德者는 不必才名絶異요 婦容者는 不必顔色美

려 부언자 불필변구리사 부공자 불필기

麗요 婦言者는 不必辯口利詞요 婦工者는 不必技

교과인야

巧過人也니라.

*絶異: 아주 다름. 매우 뛰어남.

해설 窈窕淑女는 『시경』 「국풍國風·주남周南」의 관저關雎편에 나오는 말이다. 그 내용은 다음과 같다. “짹짹 우는 저어새 강 하구 둑에 있도다. 그윽하고 요조숙녀는 군자의 좋은 짝이로다.”(關關雎鳩, 在河之洲, 窈窕淑女, 君子好逑.)

20-3.

기부덕자 청정렴절 수분정제 행지유치

其婦德者는 淸貞廉節하여 守分整齊하고 行止有恥

동정유법 차위부덕야 부용자 세완진

하며 動靜有法이니 此爲婦德也요 婦容者는 洗浣塵

구 의복선결 목욕급시 일신무예 차

垢하여 衣服鮮潔하며 沐浴及時하여 一身無穢니 此

위부용야 부언자 택사이설 부담비례

爲婦容也요 婦言者는 擇師而說하여 不談非禮하고

시연후언 인불염기언 차위부언야 부공

時然後言하여 人不厭其言이니 此爲婦言也요 婦工

자 전근방적 물호훈주 공구감지 이

者는 專勤紡績하고 勿好葷酒하며 供具甘旨하여 以

봉빈객 차위부공야

奉賓客이니 此爲婦工也니라.

*動靜: 행동. 움직임.

*길쌈: 실을 추출하여 옷감을 짜는 모든 일.

*葷: 마늘이나 파, 부추 따위. 특이한 냄새가 나는 채소. 훈채葷菜라고도 함.

20-4.

이 4가지 덕은 부녀자로서 하나도 빼놓을 수 없는 것이다. 행하기 매우 쉽고 힘씀이 바른데 있으니, 이것에 의거하여 행한다면 이것이 부녀자로서의 예의범절이 된다.

단순호치 丹脣皓齒

붉은 입술과 하얀 치아. 아름다운 여인의 얼굴을 비유적으로 이르는 말.

*丹 붉을 단
*脣 입술 순
*皓 흴 호
*齒 이 치

20-5.

태공이 말하였다. "부인의 예절은 말소리가 반드시 가늘어야 한다."

외유내강 外柔內剛

겉으로는 부드럽고 순하게 보이지만 속은 곧고 굳셈.

*外 바깥 외
*柔 부드러울 유
*內 안 내
*剛 굳셀 강

20-6.

어진 부인은 남편을 귀하게 만들고, 간악한 아내는 남편을 천하게 만든다.

계명지조 鷄鳴之助

어질고 현명한 왕비의 내조를 이르는 말. 예전에 어진 왕비는 새벽이면 반드시 왕께 나아가 닭이 울었으니 일어나라고 권하여 왕이 아침 일찍 일어나 정사를 보도록 하였다는 데서 유래함.

*鷄 닭 계
*鳴 울 명
*之 어조사 지
*助 도울 조

20-4.

차 사 덕 자 시 부 인 지 소 불 가 결 자 위 지 심 이
此四德者는 **是婦人之所不可缺者**라. **爲之甚易**하고
무 지 재 정 의 차 이 행 시 위 부 절
務之在正하니 **依此而行**이면 **是爲婦節**이니라.

*節: 예의나 법도에 맞는 모든 절차와 질서. 예의범절禮儀凡節.

20-5.

태 공 왈 부 인 지 례 어 필 세
太公曰 婦人之禮는 **語必細**니라.

*太公: <1-4> 참조.

20-6.

현 부 영 부 귀 영 부 영 부 천
賢婦는 **令夫貴**요 **佞婦**는 **令夫賤**이라.

해설 위 문장은 『증광현문增廣賢文』에 나오는 "賢婦, 令夫貴, 惡婦, 令夫敗."란 구절 비슷하다.

*令: ~ 하여금 ~ 하게 함.

*佞: 아첨하거나 간악奸惡함. 같은 뜻의 녕(영)侫과 통용.

20-7.

집에 어진 아내가 있으면, 그 남편이 뜻밖의 화를 만나지 않는다.

내조지현 內助之賢

아내가 집안일을 잘 다스려 남편을 도움. 남의 훌륭한 아내를 공경하는 의미로 쓰이거나 혹은 아내의 도움을 받아 남편의 일이 순조롭게 진행됨을 이르는 말.

*內 안 내
*助 도울 조
*之 어조사 지
*賢 어질 현

20-8.

현명한 부인은 육친을 화목하게 하고, 간악한 부인은 육친의 화목을 깨뜨린다.

악부파가 惡婦破家

악한 부인은 남편의 일생을 망칠 뿐 아니라 가정의 평화를 깨뜨림. 더 나아가 자손에게까지 나쁜 영향을 미침을 이르는 말.

*惡 악할 악
*婦 부인 부
*破 깨뜨릴 파
*家 집 가

20-7.

家有賢妻면 夫不遭橫禍니라.
(가유현처 부부조횡화)

*橫禍: 뜻밖의 재앙.

20-8.

賢婦는 和六親하고 佞婦는 破六親이니라.
(현부 화육친 영부 파육친)

*六親: 본래 부모형제처자 父母兄弟妻子를 가리키는 말이지만, 흔히 모든 친척을 지칭하는 말로 사용함.

21 더하여 보충한 글

21-1.

『주역』에서 말하였다. "선을 쌓지 않으면 이름을 이룰 수 없을 것이요, 악을 쌓지 않으면 몸을 망치지 않을 수 있거늘, 소인은 작은 선을 유익함이 없다고 하여 행하지 않고, 자그마한 악을 해로움이 없다 하여 버리지 않는다. 그러므로 악함이 쌓여 가릴 수 없고 죄가 커져서 풀 수 없다."

적악여앙 積惡餘殃

남에게 악한 짓을 많이 하여 그 죄에 따르는 재앙이 자손에게까지 미침.

*積 쌓을 적
*惡 악할 악
*餘 남을 여
*殃 재앙 앙

21-2.

서리를 밟으면 단단한 얼음이 되니, 신하가 그 임금을 죽이며 자식이 그 아비를 죽이는 것이 하루아침이나 하루 저녁에 이루어지는 일이 아니다. 그 원인은 서서히 이루어진 것이다.

방미두점 防微杜漸

어떤 일이 커지기 전에 미리 막음. 작은 낌새나 조짐을 보고 큰일이 생기기 전에 미리 막아 후환을 없앰을 이르는 말.

*防 막을 방
*微 작을 미
*杜 막을 두
*漸 점진할 점

21 증보편 增補篇

21-1.

주 역 왈 선 부 적 부 족 이 성 명 악 부 적
周易曰 善不積이면 **不足以成名**이요 **惡不積**이면
부 족 이 멸 신 소 인 이 소 선 위 무 익 이
不足以滅身이어늘 **小人**은 **以小善**으로 **爲无益而**
불 위 야 이 소 악 위 무 상 이 불 거 야 고
弗爲也하고 **以小惡**으로 **爲无傷而弗去也**니라. **故**로
악 적 이 불 가 엄 죄 대 이 불 가 해
惡積而不可掩이요 **罪大而不可解**니라.

*名: 이름. 명예.

해설 이 구절은 『주역』 「계사하繫辭下」편 5장에 있는 내용과 같다. <21-2> 참조.

21-2.

이 상 견 빙 지 신 시 기 군 자 시 기 부
履霜하면 **堅氷至**하나니 **臣弑其君**하며 **子弑其父**는
비 일 조 일 석 지 사 기 소 유 래 자 점 의
非一朝一夕之事라 **其所由來者漸矣**니라.

*弑: 아랫사람이 윗사람을 죽이는 일. 시해弑害.
*所由來: 어떤 사건이나 일이 생기게 된 이유나 원인.

해설 이상견빙지履霜堅氷至는 『주역』 곤괘坤卦䷁ 초효初爻에 있는 구절이며, 나머지 문장은 곤괘 초효의 「상전象傳」과 「문언전文言傳」에 있다. 그 내용은 다음과 같다. 상象에서 말하였다. "서리를 밟으면 단단한 얼음이 되는 것은 음陰이 처음 응결한 것이니, 그 길로 계속 가서 딱딱한 얼음에 이른다." 문언에서 말하였다. "선을 쌓은 집안은 반드시 넘치는 경사가 있고, 불선을 쌓은 집안은 반드시 넘치는 재앙이 있다. 신하가 그 임금을 죽이고 아들이 그 아버지를 죽인 까닭이 하루아침 하루저녁의 변고가 아니다. 그 말미암아 온 것이 점차적으로 한 것이니, 그것을 분별함을 일찍 분별하지 못한 것에서 말미암은 것이다. 역易에서 말하기를 '서리를 밟으면 단단한 얼음이 된다'고 하였으니, 이는 순차적으로 이루어짐을 말한 것이다."(象日 履霜堅氷, 陰始凝也, 馴致其道, 至堅氷也. 文言日 積善之家, 必有餘慶, 積不善之家, 必有餘殃, 臣弑其君, 子弑其父非一朝一夕之故, 其所由來者漸矣, 由辯之不早辯也, 易日 履霜堅氷至, 蓋言順也.)

22 8가지 반어적인 노래

22-1.

반의지희 斑衣之戲

색동저고리의 놀이. 늙은 부모를 기쁘게 해드리기 위해 색동저고리를 입고 재롱을 부리는 지극한 효도를 이르는 말.

*斑 얼룩무늬 반
*衣 옷 의
*之 어조사 지
*戲 놀이 희

어린아이가 혹 나를 꾸짖으면 나는 마음에 기쁨을 깨닫고, 부모가 나를 꾸짖고 성내면 나의 마음에 도리어 달가워하지 않는다. 하나는 기쁘고 또 하나는 달갑지 아니하니, 아이를 대하고 어버이를 대하는 마음이 어찌 그다지도 차이가 나는가? 그대에게 권고하노니, 이제 어버이의 노여워함을 만나거든 또한 마땅히 어버이를 어린아이로 바꾸어 보라.

22-2.

삼지지례 三枝之禮

세 개의 나뭇가지 아래의 예의. 비둘기 새끼는 예의가 발라 어미가 앉은 나뭇가지에서 세 개 아래에 앉는다고 하여 부모에 대한 지극한 효성을 비유해 이르는 말.

*三 석 삼
*枝 가지 지
*之 어조사 지
*禮 예도 례(예)

어린아이들은 여러 말을 하되 그대는 들으면서 늘 싫어하지 않고, 어버이는 한 번만 말을 하여도 잔소리가 많다고 한다. 쓸데없는 참견이 아니라 어버이가 마음에 걸리고 끌려서이니, 흰머리가 되도록 긴 세월에 아는 것이 많다. 그대에게 권하노니 늙은 사람의 말을 공경하여 받들고, 젖 냄새 나는 입으로 길고 짧음을 다투도록 하지 마라.

22 팔반가 八反歌

22-1.

유 아 혹 리 아 아 심 각 환 희 부 모 진
幼兒는 或詈我하면 我心에 覺懽喜하고 父母는 嗔
노 아 아 심 반 불 감 일 희 환 일 불 감 대
怒我하면 我心에 反不甘이라 一喜懽一不甘하니 待
아 대 부 심 하 현 권 군 금 일 봉 친 노 야 응 장 친
兒待父心何懸고 勸君今日逢親怒어든 也應將親
작 아 간
作兒看하라.

*覺□喜: 환희를 깨달음. 대견하게 생각함.
*也: 또한.

해설 斑衣之戲는 춘추시대 초楚나라의 은둔한 선비 노래자老萊子의 고사故事에서 유래한 말이다. 그는 나이 70세가 되어도 색동저고리를 입고 늙은 어머니 앞에서 우스꽝스런 행동을 하여 어머니를 기쁘게 해드렸다고 한다. 이 때문에 노래지희老萊之戲라고도 한다.

22-2.

아 조 출 천 언 군 청 상 불 염 부 모 일 개 구
兒曹는 出千言하되 君聽常不厭하고 父母는 一開口
변 도 다 한 관 비 한 관 친 괘 견 호 수 백 두
하면 便道多閑管이라 非閑管親掛牽이니 皓首白頭에
다 암 련 권 군 경 봉 로 인 언 막 교 유 구 쟁
多諳練이라 勸君敬奉老人言하고 莫敎乳口爭
장 단
長短하라.

*兒曹: 어린아이들.
*君: 그대. 당신. 2인칭.
*閑管: 한가로운 간섭. 쓸데없는 참견.
*敎: ~로 하여금 ~ 하게 함. 사使와 통용. 사역동사

22-3.

어린아이의 오줌과 똥의 더러움은 그대 마음에 싫어하거나 꺼림이 없고, 늙은 어버이의 눈물과 침이 떨어지는 것은 도리어 미워하고 싫어하는 뜻이 있다. 여섯 자의 몸이 어디서 왔는고. 아버지의 정기와 어머니의 피로 그대의 몸이 이루어졌다. 그대에게 권하노니, 늙어가는 사람을 공경스럽게 대접하라. 젊었을 때 그대를 위하여 살과 뼈가 닳으셨도다.

견마지양 犬馬之養

개나 말을 먹여 기름. 자식으로서 부모에게 사랑과 존경의 마음이 없이 물질적인 봉양만 하는 것을 비유하여 이르는 말.

*犬 개 견
*馬 말 마
*之 어조사 지
*養 기를 양

22-4.

그대가 새벽에 시장에 들어가 밀가루 떡을 사고 또 흰떡을 사는 것을 보니, 부모에게 드린다는 말은 들리지 않고 아이들에게 준다고 대부분 말한다. 어버이는 아직 맛보지도 않았는데 아이들이 먼저 배부르니, 자식의 마음은 부모의 마음이 좋아하는 것에 비할 수 없다. 그대에게 권하노니, 떡 살 돈을 많이 내어 흰머리에 생존해 계실 날이 얼마 남지 않은 어버이를 공양하라.

회귤유친 懷橘遺親

귤을 품어 부모님께 남겨 드림. 부모에 대한 지극한 효성을 이르는 말.

*懷 품을 회
*橘 귤나무 귤
*遺 남길 유
*親 어버이 친

22-3.

幼兒尿糞穢(유아뇨분예)는 君心(군심)에 無厭忌(무염기)로되 老親涕唾零(노친체타영)엔 反有憎嫌意(반유증혐의)니라 六尺軀來何處(육척구래하처)오 父精母血成汝體(부정모혈성여체)니라. 勸君敬待老來人(권군경대노래인)하라. 壯時爲爾筋骨敝(장시위이근골폐)니라.

*涕: 눈물. 콧물.
*汝: 너. 그대. 2인칭. 군君·이爾와 같은 뜻

해설 犬馬之養은 『논어』 「위정爲政」편에 나오는 말이다. 그 내용은 다음과 같다. 자유子游가 효를 묻자, 공자가 말하였다. "지금의 효는 물질적으로는 잘 기른다고 말할 수 있다. 그러나 개나 말에게도 모두 길러줌이 있으니, 공경하지 않으면 무엇으로 구별하겠는가?"(子游問孝, 子曰 今之孝者, 是謂能養, 至於犬馬, 皆能有養, 不敬, 何以別乎.)

22-4.

看君晨入市(간군신입시)하여 買餠又買餻(매병우매고)하니 少聞供父母(소문공부모)하고 多說供兒曹(다설공아조)라 親未啖兒先飽(친미담아선포)하니 子心(자심)이 不比親心好(불비친심호)라. 勸君多出買餠錢(권군다출매병전)하여 供養白頭光陰少(공양백두광음소)하라.

*光陰: 본래 뜻은 빛과 그늘 혹은 낮과 밤인데, 흔히 시간을 가리키는 말로 사용함.
*供養: 웃어른을 잘 모시고 음식을 대접함.

해설 懷橘遺親은 후한後漢의 육적陸績(188~219)의 고사故事에서 유래한 말이다. 육적은 여섯 살 때 아버지를 따라 원술袁術을 뵈러 갔는데, 원술은 손님인 육씨 부자에게 귤을 대접했다. 이 때 육적은 품 안에 귤 3개를 숨겼는데, 떠날 때 원술에게 인사를 드리려다 귤이 품에서 흘러나와 땅으로 떨어졌다. 원술이 웃으며 말하기를 "내 집에 손님으로 와 놓고 떠날 때에 어찌하여 주인의 귤을 감춰 가지고 가느냐?"고 물었다. 이에 육적이 대답하기를 "저희 어머님이 귤을 좋아하셔서 어머니께 맛보게 하려고 그랬습니다." 하였다. 원술은 육적이 어린 나이에 모친을 생각하는 효성이 기특하고 대견하다고 여겨 귤을 더 주었다. 여기에서 육적회귤陸績懷橘이라는 말이 생겼다.

22-5.

시장에 약 파는 가게에 오직 아이를 살찌게 하는 환약만 있고, 어버이를 튼튼하게 하는 약은 없으니, 무슨 까닭에 2가지로 보는가? 아이도 병들고 어버이도 병들었을 때 아이의 병을 고치는 것이 어버이의 병을 고치는 것에 비할 수 없다. 다리를 베더라도 도로 어버이의 살이니 그대에게 권하노니 빨리 어버이의 목숨을 보호하라.

할고료친 割股療親

허벅지의 살을 도려내어 부모의 병을 치료함. 자기 몸을 상하면서까지 부모에게 행하는 지극한 효행을 비유하여 이르는 말.

*割 칼로 벨 할
*股 넓적다리 고
*療 치료할 료(요)
*親 어버이 친

22-6.

부귀하면 어버이를 봉양하기가 쉽되 어버이는 항상 편하지 못한 마음이 있고, 가난하고 천하면 아이를 기르기가 어렵되 아이는 배고픔과 추위를 겪지 않는다. 한 가지 마음 2가지 길에 아이를 위함이 마침내 어버이를 위함과 같지 않다. 그대에게 권하노니, 두 어버이 섬기기를 아이를 기르는 것과 같이 하고, 모든 일을 집이 넉넉하지 못하다고 미루지 말라.

숙수지환 菽水之歡

콩과 물만 먹는 가난한 생활 속에서의 즐거움. 가난한 생활 중에도 부모를 잘 섬겨 그 마음을 기쁘게 함을 이르는 말.

*菽 콩 숙
*水 물 수
*之 어조사 지
*歡 기쁠 환

22-7.

어버이를 봉양함엔 다만 두 분인데 늘 형제들과 다투고, 아이를 기름엔 비록 열 사람이더라도 그대가 모두 혼자 스스로 맡는다. 아이에게 배부르고 따뜻한가는 친히 늘 묻되, 부모의 배고프고 추운 것은 마음에 있지 않다. 그대에게 권하노니, 부모를 봉양함에 반드시 힘을 다하라. 당초에 입을 것과 먹을 것을 그대에게 빼앗겼노라.

동온하청 冬溫夏凊

겨울에는 따뜻하게 하고 여름에는 시원하게 함. 부모를 섬길 때에 겨울에는 따뜻하게 해드리고 여름에는 시원하게 해드리는 정성스런 효도를 이르는 말.

*冬 겨울 동
*溫 따뜻할 온
*夏 여름 하
*凊 서늘할 청

22-5.

시간매약사 유유비아환 미유장친자
市間賣藥肆에 惟有肥兒丸하고 未有壯親者하니
하고양반간 아역병친역병 의아불비의친증
何故兩般看고 兒亦病親亦病에 醫兒不比醫親症
할고환시친적육 권군극보쌍친명
이라. 割股還是親的肉이니 勸君亟保雙親命하라.

*市間: 시장통市場通.
*兩般: 두 가지 일. 두 가지 경우.
*雙親: <15-5> 참조.

22-6.

부귀 양친이 친상유미안 빈천 양아난
富貴엔 養親易로되 親常有未安하고 貧賤엔 養兒難
아불수기한 일조심양조로 위아종불
하되 兒不受饑寒이라. 一條心兩條路에 爲兒終不
여위부 권군양친여양아 범사 막추가불
如爲父라. 勸君養親如養兒하고 凡事를 莫推家不
부
富하라.

22-7.

양친 지이인 상여형제쟁 양아 수십
養親엔 只二人이로되 常與兄弟爭하고 養兒엔 雖十
인 군개독자임 아포난친상문 부모기
人이나 君皆獨自任이라. 兒飽煖親常問하되 父母饑
한부재심 권군양친 수갈력 당초의식
寒不在心이라. 勸君養親을 須竭力하라 當初衣食이
피군침
被君侵이니라.

*被君侵: 그대에게 빼앗김을 당함.

22-8.

어버이는 충분한 사랑함이 있으나 그대는 그 은혜를 생각하지 아니하고, 자식이 조금이라도 효도함이 있으면 그대는 곧 그 이름을 드러낸다. 어버이를 대접함엔 어둡고 자식을 대함엔 밝으니, 누가 어버이의 자식 기르는 마음을 알까? 그대에게 권하노니, 아이들의 효도를 믿지 말라. 아이들의 본보기가 그대 자신에게 있다.

효자불궤 孝子不匱

효도는 끝이 없이 이어짐. 어떤 사람이 부모에게 효도를 다하면 이것에 감화되어 잇달아 효자가 나옴을 이르는 말.

*孝 효도 효
*子 아들 자
*不 아닐 불
*匱 다할 궤

22-8.

친 유 십 분 자　　군 불 염 기 은　　아 유 일 분 효
親有十分慈하되 君不念其恩하고 兒有一分孝하

군 취 양 기 명　　대 친 암 대 아 명　　수 식 고 당 양
면 君就揚其名이라 待親暗待兒明하니 誰識高堂養

자 심　권 군 만 신 아 조 효　　아 조 양 자 재 군 신
子心고 勸君漫信兒曹孝하라 兒曹樣子在君身이니라.

*十分: 매우 많음 혹은 충분한 모양. 一分은 1/10, 十分은 10/10 즉 100%를 뜻함.

*高堂: 높은 집 혹은 훌륭한 집. 남의 집이나 부모를 높여 부르는 말.

*漫信: 대충 믿음. 거의 믿지 않음.

*樣子: 본보기.

23 효행에 관한 글(속편)

23-1.

손순은 집이 가난하여 그의 아내와 함께 남의 집에 품팔이를 하여 그 어머니를 봉양하였는데, 아이가 있어서 언제나 어머니의 잡수시는 것을 빼앗았다. 손순이 아내에게 말하기를 "아이가 어머니의 잡수시는 것을 빼앗으니 아이는 또 얻을 수 있거니와 어머니는 다시 구하기 어렵소." 하고, 마침내 아이를 업고 귀취산 북쪽 교외로 가서 묻으려고 땅을 팠는데, 문득 매우 이상한 석종이 있거늘 놀랍고 괴이하게 여겨 시험 삼아 두드려 보니 소리가 멀리 퍼져 듣기에 매우 좋았다. 아내가 말하기를, "이 기이한 물건을 얻은 것은 아마 아이의 복인 듯 하니 땅에 묻는 것은 옳지 못합니다." 하자, 손순도 그렇게 생각하여 아이와 석종을 가지고 집으로 돌아와 대들보에 매달고 그것을 쳤다. 임금이 종소리가 맑고 멀리 퍼져 이상함을 듣고 그 사실을 자세히 물어서 알고 말하기를, "옛 적에 곽거가 아들을 묻었을 때에는 하늘이 금으로 만든 솥을 주시더니, 이제 손순이 아들을 묻으려 하자 땅에서 석종이 나왔으니 앞과 뒤가 서로 꼭 맞는다." 하고, 집 한 채를 주고 해마다 쌀 50석을 주었다.

효당갈력 孝當竭力

부모를 섬길 때에는 마땅히 힘을 다하여야 함.

*孝 효도 효
*當 마땅할 당
*竭 다할 갈
*力 힘 력(역)

23 효행편(속) 孝行篇(續)

23-1.

손순 가빈 여기처 용작인가이양모 유
孫順이 家貧하여 與其妻로 傭作人家以養母할새 有
아매탈모식 순 위처왈 아탈모식 아
兒每奪母食이라 順이 謂妻曰 兒奪母食하니 兒는
가득 모난재구 내부아왕귀취산북교
可得이어니와 母難再求라하고 乃負兒往歸醉山北郊
욕매굴지 홀유심기석종 경괴시당지
하여 欲埋掘地러니 忽有甚奇石鍾이어늘 驚怪試撞之
용용가애 처왈 득차기물 태아지복
하니 舂容可愛라. 妻曰 得此奇物은 殆兒之福이라
매지불가 순 이위연 장아여종환가
埋之不可라한대 順이 以爲然하여 將兒與鍾還家하여
현어량당지 왕 문종성청원이상이핵문기
懸於樑撞之러니 王이 聞鍾聲淸遠異常而覈聞其
실 왈 석 곽거매자 천사금부 금손순
實하고 曰 昔에 郭巨埋子엔 天賜金釜러니 今孫順
매아 지출석종 전후부동 사가일구
埋兒엔 地出石鍾하니 前後符同이라하고 賜家一區하고
세급미오십석
歲給米五十石하니라.

*孫順: 경주 손씨慶州孫氏의 시조로서 신라 42대 흥덕왕興德王 때 신라 삼기三器의 하나인 석종石鐘을 얻은 효자.

*舂容: 소리가 은은하게 멀리 퍼지는 모양. 의태어.

*郭巨: 중국 후한後漢 때의 효자. 하서河西 지역의 융려隆慮 사람. 중국의 이름난 효자 24명 중 한 사람.

노이불원 勞而不怨

수고롭되 원망하지 않음. 효자는 부모를 위해 어떠한 노력과 고생을 하더라도 부모를 원망하지 않아야 함을 이르는 말.

*勞 힘쓸 노(로)
*而 말 이을 이
*不 아닐 불
*怨 원망할 원

23-2.

상덕은 흉년들고 열병이 유행하는 때를 만나 부모가 굶주리고 병들어 거의 죽게 되었다. 상덕이 낮이나 밤이나 옷을 벗지 않고 정성을 다하여 보살폈는데, 봉양할 것이 없으면 넓적다리 살을 베어 잡수시게 하고, 어머니가 종기가 나자 입으로 빨아 곧 낫게 하였다. 임금이 그것을 가상하게 여겨 물건을 하사하기를 매우 후하게 하고, 명하여 그 마을에 정려문을 세우게 하고 비석을 세워 이 일을 기록하게 하였다.

23-2.

상 덕 치 년 황 여 역 부 모 기 병 빈 사 상 덕
尙德이 値年荒癘疫하여 父母飢病濱死라 尙德이
일 야 불 해 의 진 성 안 위 무 이 위 양 즉 규
日夜不解衣하고 盡誠安慰하되 無以爲養이면 則刲
비 육 식 지 모 발 옹 연 지 즉 유 왕 가 지
髀肉食之하고 母發癰에 吮之卽癒라. 王이 嘉之하여
사 뢰 심 후 명 정 기 문 입 석 기 사
賜賚甚厚하고 命旌其門하고 立石紀事하니라.

해설 勞而不怨은 『논어』 「이인里仁」편에 나오는 말이다. 그 내용은 다음과 같다. 공자가 말하였다. "부모를 섬기되 조심스럽게 간언諫言을 해야 하니, 부모의 뜻이 내 말을 따르지 않음을 보고서도 더욱 공경하고 어기지 않으며, 수고롭되 원망하지 않아야 한다." (子曰 事父母, 幾諫, 見志不從, 又敬不違, 勞而不怨.)

*尙德: 신라 때 효성이 지극한 사람.

*命旌其門: 충신이나 효자·열녀를 기리기 위해 그 사람이 사는 마을에 정려문旌閭門을 세우고 그 안에 자세한 내용을 기록한 현판懸板을 게시하는 일. 정려문은 홍문紅門 혹은 홍살문이라고도 함.

23-3.

출천지효 出天之孝

하늘이 낸 효자. 지극한 효자나 효성을 이르는 말.

*出 날 출
*天 하늘 천
*之 어조사 지
*孝 효도 효

도씨는 집이 가난하였으나 효성이 지극하였다. 숯을 팔아 고기를 사서 어머니의 반찬을 빠짐없이 공양하였다. 하루는 시장에서 늦어 바삐 돌아오는데 솔개가 갑자기 고기를 낚아채 가거늘 도씨가 슬프게 울부짖으며 집에 돌아와 보니 솔개가 이미 고기를 집안 뜰에 던져놓았다. 하루는 어머니가 병이 나서 제철이 아닌 홍시를 찾거늘 도씨가 감나무 숲을 방황하여 날이 저문 것도 모르고 있었는데, 어떤 호랑이가 여러 번 앞길을 가로막고 등에 타라는 뜻을 표시하였다. 도씨가 호랑이를 타고 백 여리나 되는 산동네에 이르러 인가를 찾아 투숙하였는데, 얼마 후 집주인이 제삿밥을 차려 내오는데 마침 홍시가 있었다. 도씨는 기뻐하여 감의 내력을 묻고 또 자신의 뜻을 말하자 집주인이 대답하여 말하기를, “돌아가신 아버지께서 감을 즐기셨으므로 해마다 가을에 감 200개를 골라 굴 안에 감추어 두는데 5월이 되면 완전한 것이 7·8개에 지나지 않았습니다. 그런데 올해는 50개의 완전한 감을 얻어서 마음속에 이상하게 여겼는데, 이것은 하늘이 그대의 효성에 감동한 것이다.” 하고는 20개를 내주었다. 도씨가 감사인사를 하고 문밖에 나오니, 호랑이가 아직도 엎드려 기다리고 있었다. 호랑이를 타고 집에 돌아오니 새벽닭이 울었다. 뒤에 어머니가 천명으로 돌아가시자, 도씨는 피눈물을 흘렸다.

23-3.

도 씨 가 빈 지 효　매 탄 매 육　무 궐 모 찬　일
都氏家貧至孝라 賣炭買肉하여 無闕母饌이러라. 一
일　어 시　만 이 망 귀　연 홀 확 육　도 비 호
日은 於市에 晩而忙歸러니 鳶忽攫肉이어늘 都悲號
지 가　연 기 투 육 어 정　일 일　모 병 색 비 시
至家하니 鳶旣投肉於庭이러라. 一日은 母病索非時
지 홍 시　도 방 황 시 림　불 각 일 혼　유 호
之紅柿어늘 都彷徨柿林하여 不覺日昏이러니 有虎
루 차 전 로　이 시 승 의　도 승 지 백 여 리 산 촌
屢遮前路하고 以示乘意라. 都乘至百餘里山村하여
방 인 가 투 숙　아 이 주 인　궤 제 반 이 유 홍 시
訪人家投宿이러니 俄而主人이 饋祭飯而有紅柿라.
도 희　문 시 지 래 력　차 술 기 의　답 왈　망
都喜하여 問柿之來歷하고 且述己意한대 答曰 亡
부 기 시　고　매 추　택 시 이 백 개　장 제 굴
父嗜柿라. 故로 每秋에 擇柿二百個하여 藏諸窟
중　이 지 차 오 월　즉 완 자 불 과 칠 팔　금
中하여 而至此五月이면 則完者不過七八이라가 今
득 오 십 개 완 자　고　심 이 지　시 천 감 군 효
得五十個完者라. 故로 心異之러니 是天感君孝라
유 이 이 십 과　도 사 출 문 외　호 상 사 복
하고 遺以二十顆어늘 都謝出門外하니 虎尙俟伏이라
승 지 가　효 계 악 악　후　모 이 천 명　종
乘至家하니 曉雞喔喔이러라. 後에 母以天命으로 終에
도 유 혈 루
都有血淚러라.

*都氏: 조선朝鮮 철종哲宗 때 사람.
*有虎: 어떤 호랑이.
*俄而: 얼마 후. 잠시 후.
*□: 닭. 계鷄와 통용
*血淚: 너무 많이 울어서 나오는 피눈물.

24 청렴과 의리에 관한 글

24-1.

인관이 시장에서 솜을 파는데 서조라는 사람이 곡식으로써 솜을 사가지고 돌아가더니 솔개가 그 솜을 채 가지고 인관의 집에 떨어뜨렸다. 인관이 서조에게 솜을 돌려보내며 말하기를 "솔개가 당신의 솜을 내 집에 떨어뜨렸으므로 당신에게 돌려보낸다." 하니, 서조는 말하기를 "솔개가 솜을 채다가 당신에게 준 것은 하늘이 행한 일이니, 내가 어찌 받을 수 있겠는가?" 하였다. 인관이 말하기를 "그렇다면 솜 값으로 받은 당신의 곡식을 돌려보내겠다." 하자, 서조가 말하기를 "내가 당신에게 준 지가 벌써 두 장날이 지났으니, 곡식은 이미 당신에게 귀속되었다." 하였다. 두 사람이 서로 사양하다가 솜과 곡식을 함께 시장에 버리니, 시장을 맡아 다스리는 관원이 이 사실을 임금께 아뢰어 두 사람에게 벼슬을 주었다.

절의염퇴 節義廉退

절개와 의리와 청렴함과 겸손함. 절개와 의리, 청렴과 겸손은 사내대장부로서 지켜야 할 도리임을 이르는 말.

*節 절개 절
*義 옳을 의
*廉 청렴할 염(렴)
*退 물러날 퇴

24 염의편 廉義篇

24-1.

인관 매면어시 유서조자이곡매지이환
印觀이 賣綿於市할새 有署調者以穀買之而還이러니
유연 확기면 타인관가 인관 귀우서
有鳶이 攫其綿하여 墮印觀家어늘 印觀이 歸于署
조왈 연타여면어오가 고 환여 서조왈
調曰 鳶墮汝綿於吾家라 故로 還汝하노라. 署調曰
연 확면여여 천야 오하수위 인관왈 연
鳶이 攫綿與汝는 天也라 吾何受爲리오. 印觀曰 然
즉환여곡 서조왈 오여여자시이일 곡
則還汝穀하리라. 署調曰 吾與汝者市二日이니 穀
이속여의 이인 상양 병기어시 장
已屬汝矣라하고 二人이 相讓이라가 幷棄於市하니 掌
시관 이문왕 병사작
市官이 以聞王하여 並賜爵하니라.

해설 인관과 서조에 관한 이야기는 『삼국사절요三國史節要』에 실려 있다.

*印觀·署調: 신라新羅 때 사람들.
*攫: 갑자기 낚아챔.
*墮: 떨어뜨림. 같은 뜻의 추墜와 통용.
*市二日: 두 장날. 장날이 두 번 열리는 기간.
*屬: 귀속歸屬. 소유所有.

24-2.

청렴결백 淸廉潔白

마음이 맑고 깨끗하며 재물 욕심이 없음.

*淸 맑을 청
*廉 청렴할 렴(염)
*潔 깨끗할 결
*白 흰 백

홍공기섭이 젊었을 때 매우 가난하여 아무런 즐거움이 없었는데, 어느 날 아침에 어린 계집종이 기뻐 뛰며 달려와 돈 일곱 냥을 바치며 말하기를, "이것이 솥 안에 있었으니, 쌀이 몇 섬일 수 있고, 나무가 몇 묶음일 수 있습니다. 참으로 하늘이 주신 것입니다." 하였다. 홍공이 놀라 말하기를, "이것이 어디에서 생긴 돈이냐?" 하고 곧 돈 잃어버린 사람은 와서 찾아가라는 글을 써서 대문에 붙여 놓고 기다렸다. 얼마 후 유씨 성을 가진 사람이 찾아와 글 뜻을 묻자, 홍공은 자세히 그 내용을 말해 주었다. 유씨가 말하기를, "이치상 남의 솥 안에 돈을 잃어버리는 일은 없으니, 참으로 하늘이 주신 것입니다. 왜 그냥 가지지 않으십니까?" 하였다. 홍공이 말하기를, "나의 물건이 아닌데 어찌 가질 수 있겠소!" 하였다. 유씨가 엎드려 말하기를, "소인이 어젯밤에 솥을 훔치러 왔다가 도리어 집안의 형편이 너무 가난한 것을 안타깝게 여겨 이것을 놓고 갔습니다. 지금 당신의 청렴에 감동하고 양심에 찔려 이제 다시는 도둑질을 하지 않을 것을 맹세하고, 앞으로는 항상 옆에서 모시기를 원하오니 염려 마시고 가지십시오." 하였다. 홍공이 곧장 돈을 돌려주며 말하기를, "당신이 착하게 된 것은 좋으나 이 돈은 가질 수 없소." 하고 끝내 받지 않았다. 이후에 홍공은 판서가 되고 그의 아들 재룡은 헌종 임금의 장인이 되었으며, 유씨 또한 신임을 얻어 자신과 집안이 크게 번창하였다.

24-2.

洪公耆燮이 少貧甚無聊러니 一日朝에 婢兒踊躍獻七兩錢曰 此在鼎中하니 米可數石이요 柴可數駄니 天賜天賜니이다. 公驚曰 是何金고하고 卽書失金人推去等字하여 付之門楣而待러니 俄而姓劉者來問書意어늘 公悉言之한대 劉曰 理無失金於人之鼎内하니 果天賜也라 盍取之닛고. 公曰 非吾物에 何오 劉俯伏曰 小的이 昨夜에 爲窃鼎來라가 還憐家勢蕭條而施之러니 今感公之廉价하고 良心自發하여 誓不更盜하고 願欲常侍하오니 勿慮取之하소서. 公卽還金曰 汝之爲良則善矣나 金不可取라하고 終不受하니라. 後에 公爲判書하고 其子在龍이 爲憲宗國舅하며 劉亦見信하여 身家大昌하니라.

해설 홍공기섭에 관한 이야기는 『대동기문大東奇聞』에 실려 있다.

*洪公耆燮: 성씨와 이름 사이에 관직명이나 사회적 지위를 넣기도 하는데, 여기에서는 존칭으로 공公을 넣었음. 홍기섭은 남양南陽 홍씨洪氏, 조선 순조純祖 때 사람.

*門楣: 문설주.

*俄而: 얼마 후. 잠시 후.

*小的: 작고 미천한 존재, 소인小人을 가리키는 말.

*推去: 찾아내서 가져 감.

*蕭條: 쓸쓸함. 가난함.

*國舅: 임금의 장인丈人.

24-3.

고구려 평원왕의 딸이 어렸을 때 울기를 좋아하니, 왕이 장난치며 말하기를, "너를 장차 바보 온달에게 시집보내리라"하였다. 딸이 장성함에 상부 고씨에게 시집을 보내려 하니, 딸이 '임금은 약속을 어겨서는 안 된다고' 하여 굳이 사양하고 마침내 온달의 아내가 되었다. 온달은 집이 가난하여 구걸하여 어머니를 봉양하니 당시 사람들이 그를 '바보 온달'이라고 하였다. 어느 날 온달이 산 속으로부터 느릅나무 껍질을 짊어지고 돌아오니, 임금의 딸이 찾아와 보며 말하기를, "내가 바로 당신의 아내입니다" 하고는 곧바로 머리의 장신구를 팔아 밭과 집과 여러 물건들을 사서 매우 부유하게 되었으며, 말을 많이 길러 온달을 도와 마침내 훌륭하게 되었다.

서해맹산 誓海盟山

바다에 맹세하고 산에 다짐함. 서해맹산은 충무공忠武公 이순신李舜臣(1545-1598)의 오언율시五言律詩 진중음陣中吟에 나오는 "서해어룡동誓海魚龍動 맹산초목지盟山草木知"를 줄인 말. 바다에 맹세하니 물고기와 용이 감동하고, 산에 맹세하니 초목이 알아준다는 뜻.

*誓 맹세할 서
*海 바다 해
*盟 맹세할 맹
*山 메 산

24-3.

고 구 려 평 원 왕 지 녀 유 시 호 제 왕 희 왈
高句麗平原王之女가 幼時에 好啼러니 王戲曰
이 여 장 귀 우 온 달 급 장 욕 하 가 우 상 부 고
以汝로 將歸愚溫達하리라 及長에 欲下嫁于上部高
씨 여 이 왕 불 가 식 언 고 사 종 위 온 달
氏한대 女以王不可食言이라하여 固辭하고 終爲溫達
지 처 개 온 달 가 빈 행 걸 양 모 시 인
之妻하니라. 蓋溫達이 家貧하여 行乞養母하니 時人이
목 위 우 온 달 야 일 일 온 달 자 산 중 부 유
目爲愚溫達也러라. 一日은 溫達이 自山中으로 負楡
피 이 래 왕 녀 방 견 왈 오 내 자 지 필 야 내 매
皮而來하니 王女訪見曰 吾乃子之匹也라하고 乃賣
수 식 이 매 전 택 기 물 파 부 다 양 마 이 자 온 달
首飾하여 而買田宅器物頗富하고 多養馬以資溫達
종 위 현 영
하여 終爲顯榮하니라.

해설 온달에 관한 이야기는 『삼국사기三國史記』에 실려 있다.

*平原王: 고구려 제25대(재위: 559~590) 왕.
*歸: 시집 보냄.
*溫達: 고구려 평원왕 때의 장군으로서 북주北周 무제武帝의 군대와 싸워 큰 공功을 세워 대형大兄이라는 벼슬에 오름.
*下嫁: 신분이 낮은 집에 시집을 보내는 일.
*上部: 고구려 시대에 왕권을 강화하기 위해 두었던 오부五部 중 하나.
*食言: 약속을 어김.
*器物: 살림에 쓰는 물건.

25 배움을 권장하는 글

25-1.

주자가 말하였다. "오늘 배우지 않고 내일이 있다고 말하지 말며, 금년에 배우지 않고 내년이 있다고 말하지 말라. 하루 한 달이 지나 가니 세월은 나를 기다려 주지 않는다. 아! 늙었구나. 이것은 누구의 잘못인가?"

세불아연 歲不我延

세월은 나를 위해 늦추지 않음. 배움과 공부의 시간이 많은 것 같아도 금세 사라지고 만다는 뜻.

*歲 세월 세
*不 아닐 불
*我 나 아
*延 늘일 연

25-2.

소년은 늙기 쉽지만 학문은 이루기 어려우니, 짧은 시간이라도 가벼이 여길 수 없어라. 연못가의 봄풀은 꿈에서 아직 깨어나지 않았는데, 계단 앞의 오동나무 잎은 벌써 가을 소리가 나는구나.

일각천금 一刻千金

짧은 시간이 천금과 같이 귀중함. 아무리 짧은 시간도 귀중하기가 천금과 같다는 말. 즐거운 때나 중요한 때가 금방 지나감을 아쉬워하는 표현.

*一 한 일
*刻 시각 각
*千 일천 천
*金 금 금

25-3.

도연명의 시에서 말하였다. "젊은 시절은 다시 오지 않고, 하루에는 새벽이 두 번 있기 어려우니, 할 때에 마땅히 학문에 힘써라. 세월은 사람을 기다리지 않는다."

화불재양 華不再揚

한번 떨어진 꽃은 다시 가지에 올라와 붙지 않음. 흘러간 세월이 다시 돌아오지 않음을 한탄하며 비유적으로 이르는 말.

*華 빛날 화
*再 다시 재
*揚 드날릴 양

25 권학편 勸學篇

25-1.

주 자 왈 　물 위 금 일 불 학 이 유 내 일 　물 위 금 년 불
朱子曰 勿謂今日不學而有來日하며 **勿謂今年不**
학 이 유 내 년 　일 월 서 의 　세 불 아 연 　오 호
學而有來年하라 **日月逝矣**라 **歲不我延**이니 **嗚呼**
노 의 　시 수 지 건
老矣라 **是誰之愆**고.

해설 이 글은 「주자권학문朱子勸學文」 혹은 「주문공권학문朱文公勸學文」으로 불리며, 『고문진보古文眞寶』에도 실려 있다.

*朱子: <7-10> 참조.

25-2.

소 년 이 노 학 난 성 　일 촌 광 음 불 가 경 　미 각 지
少年易老學難成이요 **一寸光陰不可輕**이라 **未覺池**
당 춘 초 몽 　계 전 오 엽 이 추 성
塘春草夢인대 **階前梧葉已秋聲**이라.

해설 위의 글은 주자朱子의 「우성偶成(우연히 이루어짐)」이라는 시詩이다.

*光陰: <22-4> 참조.

25-3.

도 연 명 시 운 　성 년 부 중 래 　일 일 난 재 신 　급
陶淵明詩云 盛年不重來하고 **一日難再晨**이니 **及**
시 당 면 려 　세 월 부 대 인
時當勉勵하라 **歲月不待人**이니라.

해설 위의 글은 도연명이 지은 잡시雜詩 중 「귀전원거歸田園居」의 내용 중에 나오는 구절이다. 전체 내용은 다음과 같다. "인생이란 본시 뿌리도 꼭지도 없어서 이리저리 나뒹구는 들판의 티끌과 같고, 나부끼는 바람에 휩쓸려 굴러다니는 것을 보더라도 우리네 인생이 온전치 못함을 알 수 있지 않겠나? 이 땅에 태어나 형이야 아우야 부르는 것을 어찌하여 하필 피를 나눈 육친에게만 그러하리오. 기쁘고 즐거운 일이 생기거든 맘껏 즐겨 하고, 항아리 가득 술을 마련하여 이웃과 함께하라. 젊은 시절은 다시 오지 않고, 하루에는 새벽이 두 번 있기 어려우니, 할 때에 마땅히 학문에 힘써라. 세월은 사람을 기다리지 않는다."(人生無根蔕, 飄如陌上塵, 分散逐風轉, 此已非常身. 落地爲兄弟, 何必骨肉親. 得歡當作樂, 斗酒聚比隣. 盛年不重來, 一日難再晨, 及時當勉勵, 歲月不待人.)

*陶淵明: 동진東晉 말기부터 남조南朝 시대에 활동했던 시인詩人 도잠陶潛(365~427). 호는 오류선생五柳先生, 자는 연명淵明. 당대唐代 전기소설傳奇小說의 원조인 『도화원기桃花源記』와 산문시散文詩인 『귀거래사歸去來辭』 등을 저술함.

25-4.

순자가 말하였다. "반걸음을 쌓지 않으면 천 리에 이르지 못하고, 작은 물이 모이지 않으면 강하를 이루지 못한다."

우보천리 牛步千里

우직한 소의 걸음이 천리 길을 감. 느리더라도 꾸준히 노력하면 결국 목표를 달성할 수 있음을 이르는 말.

*牛 소 우
*步 걸음 보
*千 일천 천
*里 거리 단위 리

25-4.

순 자 왈　부 적 규 보　무 이 지 천 리　부 적 소 류
荀子曰 不積蹞步면 **無以至千里**요 **不積小流**면
무 이 성 강 하
無以成江河니라.

해설 위의 시詩는 『순자』 「권학勸學」편의 내용 중에 나오는 구절이다. 전체 내용은 다음과 같다. "한 줌 흙이 쌓여 산을 이루게 되면 거기에 비바람이 일어나고, 작은 물이 고여 연못을 이루게 되면 거기에 이무기와 용이 살게 되나니, 선함을 쌓아 덕을 이루면 신통한 지혜가 저절로 얻어지고 성인의 마음이 갖추어진다. 그러므로 반걸음을 쌓지 않으면 천 리에 이르지 못하고, 작은 물이 모이지 않으면 강하를 이루지 못한다."(積土成山, 風雨興焉, 積水成淵, 蛟龍生焉, 積善成德, 而神明自得, 聖心備焉. 故不積蹞步, 無以至千里, 不積小流, 無以成江海.)

*荀子: <5-15> 참조.
*蹞: 반걸음. 같은 뜻의 규跬와 통용.
*江河: 강과 하천.

사자성어로 읽는 明心寶鑑

찾아보기

ㅇ